彼岸の悟り

—高橋信次先生に捧ぐ—

佐藤　秀人

Sato Hideto

風詠社

はじめに

この本は、私が悟りに挑戦して四十年、彼岸という悟りまで到達した経緯と、その内容を書いた本です。

昭和四十九年に、高橋信次《しんじ》先生という方を知り、「GLA」(一九六九年設立の宗教団体)に入会。

その後、「幸福の科学」「ひまわり」「レムリアの風」というグループを体験し、多くの霊道者《れいどう》や霊能者の方々を見て来ました。

その過程で様々な疑問が出てきました。

そして決意したのが、自分自身も霊的境地に近づいて、真実を分かりたいということでした。

阿羅漢《あらはん》に挑戦してみることにしました。

ようやく六十二歳の時に、彼岸に到達できました。

彼岸に到達してしばらくは、様々な啓示が降りてきました。

降りてきた啓示をメモにしておき、その後も阿羅漢を目指したのですが、容易に到達できないばかりか、徐々に普通の境地に戻されてしまいました。

三年目に、彼岸の境地の全体像が、イメージとして降りてきました。

彼岸とは、一つの悟りだったのです。

また、一冊の本にしてもよいという啓示も降りてきました。

そこで、記憶が遠のいてしまう前に、メモを整理して出版することにしました。

というのは、この世とあの世の境界図や、自我とは何か、魂と肉体の関係、人間の仕組み、悟りの構成や問題点、霊能者の変節理由を解明したこと等は、後世にいくらかでも参考資料として貢献できると思ったからです。

私の人生を通しての描写になっていますが、この悟りに到達するまでに、多くの方々の努力があり、まさに血と汗と涙の結晶の本だと思っています。

本書では声聞《しょうもん》、縁覚《えんがく》、此岸《しがん》、彼岸《ひがん》、阿羅漢《あらはん》という言葉がよく出てきます。

厳格な意味とは別に、声聞とは、宗教的真理を聞こう学ぼうとする機根が出た状態と解釈しています。

縁覚とは、真理を聞いたり学んだりという段階から、実践してみようという段階に入ったことと解釈しています。

彼岸とは、人生修行を河に喩えて、悟りの境地に到達した向こう岸を意味します。

此岸とは、迷いの世界のこちらの岸を意味します。

阿羅漢とは、彼岸を超えて霊道を開いた状態で、菩薩への修行をしているプロの悟りの状態です。

本書では、彼岸の説明が重複して出てきます。

今までの仏教的修行では、最初の目標が阿羅漢でしたが、彼岸という境地に到達してみて、あまり解説のない悟りの位置だと分かり、阿羅漢との対比という意味で重複して解説しています。

出家ではなく在家に居ながらの真理探求なので、その歩みは遅く、約四十年という歳月を要してしまいましたが、宗教的プロが到達した阿羅漢の悟りと、一般の在家での悟りとの架け橋に、本書が役立つことを願っています。

ただ、科学で言うところのエビデンス（科学的証明）がある話ではありません。

私の霊的感性に基づいた研究であり、仮説です。

だから、鵜呑みにしないで疑問を持っていただければと思います。

また悟りという、この世とあの世の両方にまたがる概念の説明の為、できるだけ平易に書いたつもりですが、読んで難しいと感じる部分が多々あるかも知れません。

それでも、今まで高徳の修行者でなければ垣間みることができない、悟りの一端の突破口を開いたものと思っていますので、今後の研究で、さらなる分かりやすい解説や、新事実が出てくることに期待しています。

本書が、宗教環境の中で生きる人々や、人生の意味を求める方々に、少しでもヒントになれば幸いです。

目次

はじめに 3

第1章 彼岸の悟り

1 自己紹介 12
2 大学時代の悟り 16
3 高橋信次先生との出会い、GLAに入会 19
4 幸福の科学への入会と退会 25
5 関谷氏の意志を継ぐ会から発展した「ひまわり」 29
6 レムリアの風、立ち上げ 30
7 レムリアの風、その後 33
8 彼岸への到達 34
(1) 阿羅漢への順序 42
(2) 自我とは何か 49
(3) 睡眠の意味 52

(4) 生命とは何か 54
(5) 彼岸とは 57
①神とは何か 57
②悟りとは何か 61
③彼岸への方法 66
④悟りの構成 68
⑤悟りの維持 74
⑥悟りの問題点と功徳 77
⑦反省の考察 81
⑧悟りとアセンション 86
9 霊能者の変節理由 88
10 各宗教体験の提言 91
11 愛を目指して 93

第2章 人生とは

1 人は誰もが主役 98
2 輪廻転生の意味 101

3　経験値の獲得　106
4　進歩と調和　107
第3章　発展の法則
1　神の子人間の自覚　112
2　浮上の原理　118
3　脱出の方法　122
4　発展の法則　126
第4章　悟性の時代
1　ふり返ってみて　134
2　安全な悟り　136
3　悟性の時代　139
4　年配者の役割　144
参考文献　146
あとがき　147

第1章　彼岸の悟り

1　自己紹介

私の職業は、歯科医です。

父が、歯科技工士という環境からです。

私は、小さい時から霊的体験がありました。

最初は、五歳の頃です。

深夜寝ていた時、誰かが私の足をクスグルので目が覚め、隣を見たら妹と父が寝ていて、部屋は明るい状態でした。

誰だろうと思って布団をめくって中を見たら、眼が赤く顔も真っ赤なお爺さんが、そこに居ました。

ビックリして隣で寝ていた父を起こしましたが、父は取り合ってくれず、そのまま父の背中にしがみついて寝ました。

次の日の朝、布団の中にお爺さんが居たと家族に訴えましたが、誰も信じてくれません。

その時まで、幽霊という言葉を知りませんでしたが、あのお爺さんは誰だろうという疑問が、いつまでも私の心に残りました。

六歳の頃、後の悟りへの道に影響する不思議な夢を見ました。

日本神道系の神様達が、ある宝物をめぐって二手に分かれて、拳銃（なぜか刀でなく）で戦争をしていたのです。最後は、全員が拳銃の打ち合いで死んでしまうというものでした。

私は、石の陰に隠れたりしながら、様子を窺っていました。

最後の神様が拳銃で撃たれる前に、小さな袋に入った宝物を私に渡して、声をかけました。

「神様も馬鹿だろう。この宝物をめぐって戦争して全員が死んでしまった。お前に、この宝物をあげるから、地上の人に分けてあげなさい」と。

そして全員が拳銃の相打ちで死んでしまいました。

そこで目が覚めました。

あまりにもはっきりした夢でしたので、それからの私の口癖は「神様は死んだ」でした。

その後、高橋信次先生にお会いするまで、私は唯物論者でした。

小学校に入ってからは、夢を見るとそこが夢の世界だと分かる場合があり、これは元の世界に帰らなければと思い、周りの人に夢から帰れる方法を聞くのですが、誰も教えてくれません。なかには話しかけてビックリする人や、間違って来たのかと同情する人も居ました。なぜか水に飛び込めという暗示があり、水を探すと都合良く出て来るので、水に飛び込みユラユラ落ちて来るような感覚で、夢から覚めたことが何回もありました。

その後も様々な霊的体験がありましたが、夢でないと決定したのは中学二年の時でした。深夜、窓から吹く風で目が覚めたら、窓は開いてなく窓のカーテンだけが上がっていて、そこに白いお爺さんが居ました。

またかと思い、すぐ布団をかぶりましたが、左手が布団から出てしまいました。そのお爺さんが、左手の方にスーと動いて来るのが気配で分かりました。その時、そのお爺さんが、私の左手をつかんで「この手を布団にしまえ」と言いました。

私は恐怖と確信で、下の階に寝ている父に対して「ここに幽霊が居る」と叫ぼうとしたその瞬間、金縛りで身体が動かなくなりました。その為、心の中で「ごめんなさい。騒ぎません。手を引っ込めて寝ます」と言ったら、金縛りが解けました。左手を布団に引っ込めて、すぐ寝ました。

しかし、これで決定しました。誰が何と言おうと、幽霊は居るのです。

もう中学二年です。夢かどうかは分かります。幽霊に手をつかまれて、話しかけられたというのは前代未聞だと思いました。でも、周囲はそれを認めてくれないのも分かっていました。

それ以来、私は科学でこの幽霊の正体を解明しようと決意しました。

その後、幽霊は出なくなりました。

高校に進学して、今の三次元科学では幽霊を解明するのは不可能だと分かりました。あとは、宗教に解答を見つけるしかないと思い、将来は、お坊さんになろうと考えました。

しかし、父の夢は私が歯科医になることです。

そこで、歯科医になりながら宗教の勉強もできないかと調べたら、宗教学と仏教学のある歯科大学があり、その大学へと進学したのです。

2　大学時代の悟り

大学に入学して、宗教学と仏教学の教科書を見てがっかりしました。

どの教科書も、幽霊やあの世のことは一行も書いていません。

悟りに関しても、言葉で表現できない境地であると書かれており、無明《むみょう》や空即是色、苦《く》集滅道《じゅうめつどう》や四諦八正道《したいはっしょうどう》という、概念と方法論が主に書かれています。

私の知りたいことは、何一つ書いていません。

こうなると自分で悟るしかありません。

それからは、巷で神様と言われる方々や、様々な宗教団体に相談しに行きましたが、満足させてくれる解答にはたどり着けませんでした。

もう自分一人で解明するしかないと思い、幽霊や神とは何か、悟りとは何か、無明とは何か、空とは何かと呪文のようにつぶやきながら、大学生活を送っていました。


そんなある日、一つの転機が訪れました。

初秋のある日の午後、傾きかけてきた太陽に照らされた町並みのキラキラした屋根を見ながら、小高い丘の道を散歩していた時です。

太陽を反射した町並みの屋根の美しさに、立ち止まって感動していました。

その時、この美しさを感じているのは、私のどこの部分だろうという疑問が出てきました。

思案していると、この美しさを感じているのは、どうやら私の心だと思えるようになったのです。

その瞬間、人間が思い、考え、感動し、喜怒哀楽を司っているのは、頭脳の働きではなく、この心の働きなのではないかと感じ取ったのです。

人間は、頭で喜怒哀楽を感じているのではなく、また頭で考えているのでもなく、誰もが、心というものを持っており、その心が、考え想う機能の中枢を成しているのではないだろうか。そして心の能力、感度、深浅に違いはあれども、機能としては皆、同じ構造になっているのではないのだろうか。ひょっとして、心は丸いのではないのだろうか。人によって、その丸の大小の違いが、あるだけなのではないだろうか。そうであれば、その心の中心に存在するモノこそが、全ての人、世界と接点を持っており、それこそが神なのではないだろうか。神とは外にあるのではなく、人の心の中心点に存在しているのではないだろうか。いやきっとそうだと、ここまで考えた時に、一つの現象が現れたのです。

なんと周りの景色が、金色にキラキラと輝き始めました。

今思えば、夕日がますます屋根に反射して、周りの景色が美しくなっただけだと思うのですが、タイミングが良すぎましたし、またそのようなありふれた現象でもありませんでした。

私は悟ったと思いました。人の心の中に神を発見したと思いました。（今振り返っても、この直感は大きく外れてないと思います）

それから一ヶ月、私は教祖気分でした。

学校では友達に、私は悟ったと吹聴していました。

道ですれ違う人にも、「あなたの心の中に神様がいるのですよ。神様は外にあるのではないのです。私達の心の中にあるのです。だから私達は皆神の子なのです」と声をかけたくて、端から見れば、とても気持ちの悪い人間だったと思います。

しかし、当時の私は、一人で悟りの高みに上っていました。

そして、この悟りを共有し共に理解し伝道してくれる仲間が、欲しいと思うようになってきました。

３　高橋信次先生との出会い、ＧＬＡに入会

そんな時、大学の後輩から渡された本が、高橋信次先生の『悪霊』という本でした。タイトルが興味深かったので一気に読みましたが、この著者の方は、かなり優秀な修行者で、是非仲間に欲しいという想いが募り、早速、書店で『心の発見』三部作を購入して読みました。

読んでいくうちに、この方は私よりもはるかに優秀な修行者だと分かったのですが、若さゆえ参考にしてほしいと「般若波羅蜜多心経」なる「お経」を信次先生に送り、さらに信次先生のお弟子さんがいるなら、その住所を教えてほしいとお願いしました。

送られてきた住所に出かけ、信次先生の現象ビデオを見、講師の霊道現象を見て、自分は大変なことをしてしまったと分かりましたが後の祭りです。

信次先生こそ、私の先生だったのです。

今でも「穴があったら入りたい」ような恥ずかしい話です。

この後、信次先生の全ての書籍を購入し読みました。

一番感動したのは、『人間釈迦1』でした。

仏教書では、悟りの内容は文字で表すことができないということでしたが、この本には、悟りの方法、悟りの内容などが手に取るように書いているではありませんか。

私は読み終わって、感動で泣いていました。

私は、この方は早く亡くなってはいけないと思い、疲れさせてはいけないからと、信次先生には会わないと決心しました。

講演会で三回、研修会で一回、信次先生の姿を遠くからながめていただけです。

直接話をできなかった理由は、もう一つありました。

信次先生が怖かったのです。怖いというのは、信次先生の全てを見通すという霊能力が怖かったわけです。私は、まだ二十三歳。異性にモテたいという気持ちが強い年頃です。悟りの高みに居るはずなのに、オーラがピンクなのを叱られるのが怖かったわけです。

しばらくは支部に通いましたが、ここでいくつかの疑問が湧いてきました。

霊道者である講師の人格と、霊能力が釣り合っていません。

また初期の霊道者で、すでに狂った方もおり、また私も含めてほとんどが霊道を開きたいという霊道病にかかっていました。

なかには異言《いげん》（過去世で生きていた時に使用していた言葉）の練習をしている人、深夜に反省行をするグループも居ました。

確かに非常に霊的な磁場なので、霊道を開かなければ修行者ではないという雰囲気も漂っていました。しかし、霊能力と人格が不一致なのです。そこに大きな疑問が出てきました。

私も、中学以来少し霊視ができたりしました。だから霊能力が欲しくて、反省と瞑想を繰り返しましたが霊道は開きませんでした。

二十四歳の春に歯科医となりましたが、修行には挫折したような気分で郷里に帰ってきて、その後開業しました。

その年の六月、信次先生が亡くなったと聞いて非常にビックリしました。

人類は、大きな光を失いました。

二千五百年前のお釈迦様や、二千年前のイエス様と同じような方、あるいはそれ以上の方が、この日本に生まれていたのです。それはまだ一部の人しか知りませんが、信次先生の書籍、講演テープや現象ビデオは今でも残っています。

その後も私にとっては、霊道開発が全てでした。

結婚は考えていませんでしたが、周囲に騒がれ二十八歳の時結婚しました。

結婚を機に、私の求道心は下がりました。

また信次先生の教えに、いくつかの疑問が出てきました。

反省の基準の正しさとか、中道という概念は非常に抽象的です。

正しさが分かる為には、正しくないことを知る必要もあります。また正しくないことを知ったから、正しいことが分かるとも限りません。本当の正しさを知ることは、難しいことです。

また中道を知る為には、中道を外れた極端というものを経験する必要もあります。しかし、では極端がどこかという疑問が出てきます。

その他に、善意なる第三者とか、善我や偽我という概念もよく分かりません。

また反省行をしていくと、消極的になりがちです。

なぜかというと、反省というのは自分の至らないところを発見し、そこを改善しようとするわけですから、あら探しと言えば言い過ぎですが、そんなに楽しい作業ではありません。

そのうち、私の仕事にも疑問が出てきました。

歯科医の仕事は、虫歯や歯周病の予防と治療という診療部門と、冠《クラウン》や入れ歯という補綴《ほてつ》技工の二つから成り立っています。治療は、保険制度の中である程度の提供はできますが、補綴という技工物は、材料や技術により格差が生じます。しかし医療とは、予防や治療や補綴にしろ、本来最善のものを患者さんに提供するべきです。だから大学で教わってきた本来の歯科医療と、必要最低限の保健医療のギャップに、まだ若かった私はかなり悩みました。本来技術系の歯科医にとって、不向きな営業でしか得られない保険外医療と、材料や技術に制限のある保険医療の境界を、宗教的見地から解決することは至難の業でした。


私は、夢の中で信次先生に質問しました。

「信次先生、正しさの基準を教えて下さい」

「あなたは、どう思いますか」

これには参りました。質問を質問で返されました。自分で見つけなさいということです。

それからもう一つ質問がありました。

「信次先生、何か、説き忘れたことはありませんか」

この質問には、答はありませんでした。

その後も、私の疑問追求は続きました。


入会して十年、三十代半ばで世話役になっていました。

その頃、同じ地域の世話役が不祥事を起こし、除名され脱会しました。

これがキッカケで色々と疑問の多かった私も、会を退会しました。

信次先生が全てであった私にとって、退会は断腸の思いでした。

しかし、同じ世話役が退会を余儀無くされたことに、若い私は我慢できなかったのです。

ただ、今まで宗教を通しての悟りが全てだった私にとっては、本業に打ち込めるチャンスでもありましたし、もっと社会勉強をしたいという時機でもありました。

また、歯科医院経営をめぐって親と対立した時期でもありました。

私の弟も歯科医になったのですが、将来の方向性をめぐって、ついに親と決裂してしまいました。

そんな時期だったので、組織から離れたのは必然だったのかも知れません。

会を退会すると決まった時、当時の宗教仲間からは魔が入ったと言われました。

一度に多くの問題を抱えた私は、もう一度再出発しようと考え、今までの歯科医院を弟に譲り、親から離れて新しく新規開業しました。

この時　もう二度と、宗教団体には入会しないと固く誓ったものです。

（GLA在籍当時、阿羅漢でもあり誰が見ても菩薩と分かる谷口講師から、イエス様の日常を教えていただいたことや、煩悩の夢実験で信次先生から合格をもらえたことを教えてくれた中野講師、また七年の長期にわたって未熟な私を指導してくれた叶内講師には、今でも感謝しています）

4　幸福の科学への入会と退会

今までは、親と同居していましたが、今度は私の家族のみです。

私が仕事、妻が経理という立場でしたが、いまいち経営が分かりません。

私は、自らが経理に参加しようと思いましたが、仕事が忙しく時間的に無理でした。

この頃、お互いの疲れもあり夫婦間の意思疎通は取れなくなってきました。

求道心も弱まり、私は夜の繁華街に逃避していました。女性にチヤホヤされ、モテたような気になっていた私は、その中の一人の女性に惚れ込んでしまい、ついには離婚という考えが急速に湧いてきました。

自分でも惑わされているのが分かり、何があっても離婚しないと自制していましたが、やがて道を外れていきました。

一人でアパートを借り、別居生活に入ったのです。

三年ほど経ったら、妻から離婚の訴状が届き、やがて離婚となりました。

同棲していた女性ともいったん別れて、一人、診療所に戻ってきました。

そんな時、友人が大川隆法氏の『日蓮の霊言』という本を持ってきました。信次先生しか眼中にない私は、偏見に満ちた状態でその本を読みました。結果、これは本物でないという感想で本を返しました。友人はそれからしばらくして『キリストの霊言』という本を持ってきました。私は最初の一ページで判断し、これも本物でないと思いましたが、せっかくの行為なので最後までは読みました。ここで何か不思議な感覚が残りました。しばらくして持ってきたのが『高橋信次霊言集』でした。

これにはビックリして読みました。そうしたら、なぜか途中から涙があふれてきたのです。この本は信次先生ではないかと思いました。最後の巻末に書かれていた、残された弟子達へのメッセージで、私は長年の疑問が解決したと同時に感動したのです。

もう二度と宗教団体には入らないと誓った私ですが、信次先生が登場しては話が別です。信次先生の予言で「五年後に現象が現れる」というのがこのことだと思った私は、幸福の科学に入会することにしました。

私生活では、内縁の女性と同居することにしました。一人では、炊事家事と仕事の両立ができません。生涯、宗教と共に生きることを誓っていた私は、宗教的素質があり、できれば霊的能力のある女性であればと考えていましたが、その条件に合う女性だったからです。しかし親兄弟からは猛反対されました。自分の都合で結婚する場合の、よくある騒動を体験できました。

初期の大川隆法氏の教えは、それまでの私の疑問を解決してくれました。私は大川氏の書籍に問いかけます。

「信次先生、何か説き忘れたことはありませんか」

「光明思想が抜けていました。また他力の教えや、その他の教えにも意味はあります」

「正しさとか、中道という基準を教えて下さい」

「正しさに段階があります。つまり正しさや中道の基準は発展します」

私は、目から鱗が落ちました。

（現在は、中道や正しさは、極端でないこと、魂や肉体に偏らないことと解釈しています。極端かどうかは、多少の経験で分かります。魂に偏っていると、きちんと食べない、正しく寝ない、働かないなど生活が怠惰になります。肉体に偏っていると、逆に嗜好、金銭、異性、肩書き、権力に対する欲が増えてきます）

初期「太陽の法」や初期「黄金の法」で、若き大川氏の資質に大きな期待があると感じた私は、この会で神理学習を通して阿羅漢に行くぞと思っていた矢先、発足して四年目頃、何か会の雰囲気が変わったことに気づきました。その後「方便の時代は終わった」で、なんと信次先生が邪霊認定されてしまいました。

信次先生の信奉者である私にとって、それは納得のいくものではありませんでした。四十代も後半の私にとって、若い人達について行けなくなったのかも知れません。

また、この頃出版された関谷晧元氏の『虚業教団』の本も、私の疑問に大きく影響しました。

お釈迦様は、慈悲の人だったと聞いております。

誰一人、お釈迦様自身が破門したことはなく、ついて行けない弟子は自らが去っていったと聞いております。

ついて行けないなら、自らが去るべきだと判断した私は退会することにしました。

ただ、初期の大川氏の教えは、私の硬直化していた神理知識を柔軟化していただいたと、今でも感謝しております。

この退会時も、仲間からは魔が入ったと言われました。

5　関谷氏の意志を継ぐ会から発展した「ひまわり」

このような時に一人だけ、私に同調してくれる友人がいました。温泉経営をしていた笹森さんです。

彼のお母さんが霊能者であったので、彼も霊現象には詳しい方でした。

彼とはこの後、親友付き合いをしていくことになります。

よく二人で、酒を飲みながらキャンプをし、深夜まで神理談義したものでした。

この頃関谷氏は、七年にも及ぶ幸福の科学との裁判の最中で、我々との交流は全くない状態でした。

そうした中でも関谷氏は、『もとなる心へ』という本を出版していました。

この本も、私の心境を整理するのに参考になる本でした。

そんな中、「虚業教団読書感想会」という組織から、『もとなる心へ２』と『「方便の時代は終わった」は矛盾に満ちている』という書籍が紹介されていました。

これらの本も、今後の方向を考える上では参考になるものでした。

しばらくして、「虚業教団読書感想会」の代表が替わり、新しい代表の方から、「全国神理連絡会」を立ち上げたいので一緒にやりませんかという連絡があり、それではということで三人ほどで立ち上げることになりました。

最初の「全国神理連絡会」座談会で、久しぶりに関谷氏を見た時は、その清々しさにビックリしました。噂では、関谷氏は疲れ切っているということでしたが、実際に会ってみるととてもさわやかで青年のような顔立ちでした。

（この後、関谷氏と最後までお付き合いすることになるとは、この時点では分かりませんでした）

新しく発足した「全国神理連絡会」の名前を「ひまわり」と命名しました。

会合や機関誌発行等ありましたが、求心力が弱かったせいか、間もなくこの会は立ち消えとなりました。

6　レムリアの風、立ち上げ

しばらくして、「ひまわり」の機関誌を見た方から「ひまわり」の会のその後について知りたいと電話があり、経緯について説明させていただくと、「『ゼウスの霊言』なるものが降ろされているので、興味がありますか」という話が出て、「それは読んでみたいので是非送って下さい」とお願いしました。

一回読んで、何かが私の心の琴線に触れました。二回読んで感動を覚えました。三回目は涙が出てきました。まだ、このような霊言が降りることに感動したのです。

私は、霊言者に会わせてほしいとお願いしたところ、了解してくれました。

私が霊言者に会いに行くと、事務所の二階に男性二名女性三名が居りました。すぐに霊能者の方がどなたなのか分かりました。

それは気さくな主婦の方で、アマーリエさんと言います。ＧＬＡや幸福の科学の会員でもあった彼女とは、当時の話題で盛り上がり、この磁場が本当なら私の家内の霊的才能も開くと確信し、二度目は私の家内が行きました。もともと霊的体質だった私の家内は、この方と接触し霊能力の一部を開いたようでした。

三度目は笹森さんが会いに行きましたが、彼と一番相性が良かったみたいです。

関谷氏もメンバーに入り、この後はドラマの連続が続きました。（関谷晧元著『レムリアの風』を参考にして下さい）

色んな事件が発生し、ついには私と笹森さんが大喧嘩してしまいます。そこに私の家内が霊言を降ろし一件落着するということもありましたし、私の家内が霊的に曲がっていくのを、私が泣いて引き止めたということもありました。

しかし一番の大事件は、笹森さんが急性肝膿瘍で死亡したことです。

笹森さんはとても健康な人でした。だから急な病気になるというのは考えられなかったことです。何らかの霊的な作用が働いたと考えざるを得ない事態でした。これはもっと後で分かったことですが、最初に霊的な結界を破られたのでした。レムリアの霊言者アマーリエさんの霊的結界を守れたのは、笹森さんだったのです。

メンバー内での様々な事件、家内の霊的混乱、笹森さんの急死など、霊的活動はこれほど危険なものなのかと、身を持って体験させられました。

その後、関谷氏が『レムリアの風』という書籍を発行しメンバーも増えたあたりで、内部である騒動が持ち上がりました。次の事業展開で意見が割れ、メンバー内の意思疎通ができなくなったのです。初期の仲間のみで話し合いがもたれ、事務を担当していた私は、今までの経緯について分析報告して原因を調べていくうちに、霊言者であるアマーリエさんに疑問が出てきました。しかし、アマーリエさんは、この会の中心人物です。私は途中で詮議を止め、次の事業を多数決で採択しました。その二日後、私はアマーリエさんの降ろした信次先生からの霊言で、退会ということになりました。当事者である私は、その霊言を聞いて悩んでしまいました。霊言の内容は一見もっともらしい話なのです。ただ事実が違うのです。事実を知らない人から見れば、素晴らしい内容だと思います。ただ、私は当事者なので、真相が違うと自信を持って言えるのです。また、信次先生が「恨むなら高橋信次を恨みなさい」とは言わないはずです。

これを機に霊言とは何か、霊能者が変節するのはなぜかに悩みました。この頃の私は五十代半ばでした。

7　レムリアの風、その後

レムリアからは退会するしかありませんでした。

この時も魔が入ったと言われ、これで三回魔が入ったことになりました。

やがて初期メンバーは全員退会し、全てが二次メンバーとなっていきました。

なぜ霊能者は変節するのか、その仕組みは何なのか、何か手だてはあったのかと悩みに悩みました。

その後は、いたずらに時間が過ぎていきました。

私の頭の中は疑問で占められ、何の進展もできませんでした。

この頃は、関谷氏と「愉快な仲間達」とか「DIL」というグループを作って、信次先生の教えを中心に交流していましたが、特に活動することもなく方向性もありませんでした。

やがて関谷氏は、独自な真理探究を始めました。

何回か話し合って、各自の独自的研究も許容しようということになり、年に数回は直接会って真理談義に熱がこもりました。

その関谷氏も、八十歳の七月七日、老衰により永眠しました。

関谷氏の書かれた『虚業教団』『もとなる心へ』『レムリアの風』は、今後も宗教界にとっては永遠の指南書として語り継がれると思っています。

またレムリアの霊言者であったアマーリエさんも、近年亡くなられました。

（アマーリエさんの降ろされた初期霊言も信憑性はあると思いますが、霊言は確定したものでなく参考にすべきものと思っています）

8　彼岸への到達

私も悟りへの発心以来、気がついたらもう六十二歳です。

阿羅漢に挑戦すると誓ってからもう四十年ほど経ちましたが、還暦を過ぎても悟りにはたどり着けません。

肉体的な衰えは充分に実感していても、様々な煩悩は消えません。情けない自分にがっかりしながらの、神理の探究でした。

この頃、声聞、縁覚、阿羅漢という順序が本当に正しいのか、という疑問が心の中で大きくなっていました。

自分としては、縁覚までは来ていると思います。しかし阿羅漢が遠すぎます。縁覚から阿羅漢までの間に、何か別の境地があるのではないかと思い始めてきました。

ここで阿羅漢の理解の為に次元構造を説明します。

この世は三次元で、物質の世界です。

あの世は四次元以上の世界で、エネルギーの世界です。

四次元を幽界または精霊界とも呼び、この四次元世界の一角に地獄界が存在します。

五次元を霊界または善人界とも呼び、ここからが天国です。

六次元を神界と呼び、神様のような知性を持つ優秀な方が居られる世界です。諸天善神の居られる世界です。

七次元を菩薩界と呼び、人間修行が終わり、衆生済度を使命としている方々の居られる世界です。阿羅漢とは、六次元から七次元に向けて修行している段階です。

八次元を如来界と呼びます。神が来るが如しという方々です。その方自体が、法とも言える存在の方々です。

九次元を宇宙界または救世主界と呼び、地球には十人の救世主が居られるということです。代表的な救世主は、お釈迦様、イエス様、モーゼ様、孔子様、高橋信次先生などで、人霊はここまでです。

諸天善神と九次元は人間としての神様、十次元からが人間でない神様の領域です。

この次元構造から阿羅漢とは、六次元上段階であることが分かります。

ただ仏教では、阿羅漢へは誰でも行けると説いていますので、還暦を過ぎてなんの進展もないことが、信次先生に対して申し訳ない気持ちで一杯になってきました。なんとか信次先生の期待に応えられないものかと、より真剣に考えるようになったのです。

またそれ以上に発露してきたのは、もう大人になりたいということでした。

悟りを開くとか霊道を開くとか以前に、もうそろそろ大人になりたいという強烈な欲求が出てきたのです。

そこで人間は、何をもって大人と言えるのでしょうか。

年齢でしょうか。

年齢ではないようです。

実は大人認定はとても難しいことだと思います。

自分の心の良心の声が「私は大人だ」と言えたら大人なのでしょうか。

感情と本能のコントロールが自在であり、深い教養、慈愛に満ちた眼差し、陶冶《とうや》された品性と優雅な立ち居振る舞いができる人、そんな人が大人だとして果たしてそうなれるものでしょうか。

でもこのままではいけない、執着を断ち切って煩悩の川から上がりたいと思っても、いつもの自分に戻ってしまう毎日の連続でした。

私の場合は、女性からモテた時代の煩悩を断ち切れないことが問題でした。

当時は、夜の繁華街の女性からの誘いを断れないでいました。

断ってもその後音沙汰がないと、どうしたのだろうとまた出かけてしまう自分でした。

これでは悟れるわけもないと思い、ついには全部離れたのですが、女性への思いという執着は残ってしまい、昔の余韻に浸ってしまうという煩悩が残ったのです。

それで、その思い自体を断ち切ろうと何回もチャレンジしていました。

そのうち、もっと対策があるのではないかと考えるようになったのです。

その結果、煩悩に対する内面の心の声を整理できるようになりました。

心の中から三つの声が聞こえます。

一番目は、今主体になって考えている自分、自我、自意識の声です。

「煩悩を捨てて大人になりたい」という自我の声です。

二番目は、煩悩をささやいている偽我の声です。

「そんな厳しい修行は止めて、まああの人生を生きよう」という声です。

三番目は、良心の小さなささやきの声があります。潜在意識に近い良心からの声です。

「全ての執着を捨てなさい」という声です。

いつも、三番目の小さな良心の声は、この二番目の偽我の声に負けるのでした。

そこで、何か対策はないのか考えました。

この三番目の良心の小さな声を、最大限の音量にしてみればどうなるのだろうと思い、自分にはもう後がないと腹をくくって、意識として決意として実践してみました。

なんとその結果、煩悩のスイッチ、特に性欲のスイッチを切ることが可能になりました。

執着が消えたのです。

（スイッチというのは物理的なスイッチではありません。意識としてのスイッチです）

今まで小さかった良心の声を最大音量にした時、まるで不動明王か閻魔様のような圧倒的存在が、私の煩悩の最たるものである性欲への執着を、吹き飛ばしてしまったのです。

私にとっては最たる煩悩が性欲でしたが、これをターゲットにしたのは、お釈迦様が悟りを開く直前に、性欲が「己心の魔」として現れたということと、出家の修行でも、この性欲の問題に悩んだ修行者がたくさん居たということが、同じ道をたどると思っていたからです。

（彼岸に到達してみて、性欲は、睡眠欲とか食欲とは違う種類の本能であることが分かりました。睡眠欲と食欲は、直接生命維持機能の本能ですが、性欲は種族保存としての本能です。思春期で発動し、命の終焉まで続きますが、役目を終わっても執着欲や煩悩欲に変わります。この性欲ですが、自我の形成に深い関わりがあることが後程分かりました）

今までは良心が「煩悩を捨てなさい」と、小さくささやいていていました。

それが、良心が大音量で「煩悩を捨てよ」と心の中で叫んでいるのです。

このようなことは、今までありませんでした。

今までは煩悩を捨てるぞと決意しても、一ヶ月程度で煩悩が自然勝ちしていました。

しかし今回は、迫力とスケールが全然違います。

自分の中に守護神が宿った感覚です。

自分でも今何が起こっているのだろうという思いで、良心の声を最大音量にしたまま三日ほど過ぎました。

三日目で、煩悩の川を泳ぎきって、彼岸の岸に立つことができたという実感が出てきました。というのは、心の中で自分の煩悩に勝った、執着に勝ったという声が聞こえたのです。また、久しぶりに小学校のような霊的感覚があります。

例えば、彼岸の岸から此岸の岸が霊的に見えました。煩悩の川も見えました。

彼岸は、土手の上の道路のような感じでした。

隣には、森がありました。

この森を抜けていくと、何らかの光の世界なのかと思いながらも、そこからは動けませんでした。

そのうちなんと、霊界とこの世の境界図が、イメージとして降りてきたのです。

（この時の私は、料理や釣りをしながら他のことを考えているような状態です。また、今までは心の中で格闘があるのですが、今回は、その格闘自体が消えており、こんなに気持ちが楽な修行でよいのだろうかと思いました）

それから一ヶ月、様々な啓示が降りてきました。

「あの世」と「この世」の境界図

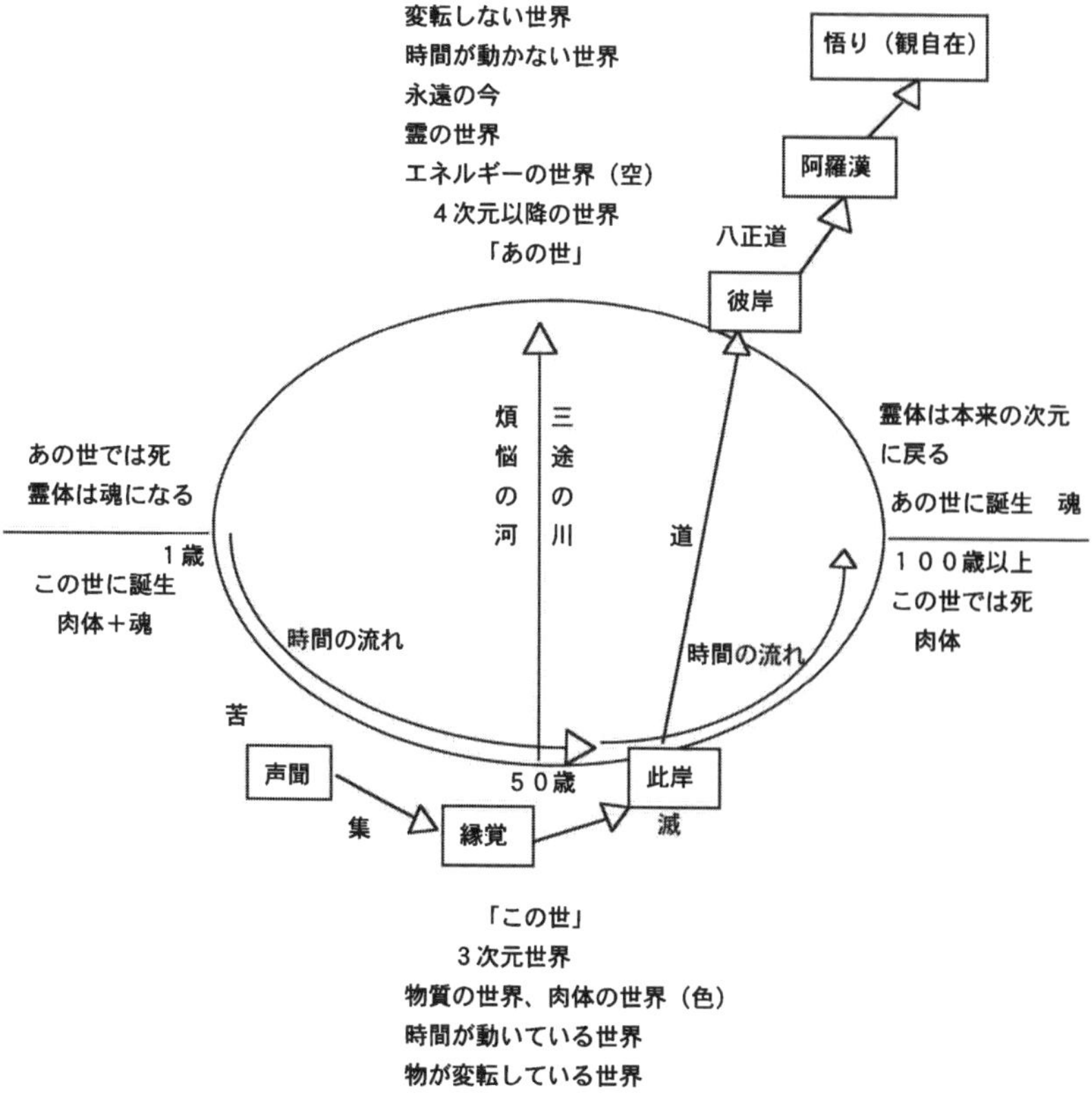

三途の川は、修行者にとっては煩悩の河でもあります。

（1）阿羅漢への順序

最初のイメージが、阿羅漢への順序でした。

今までは、声聞、縁覚、阿羅漢という順序だと習ってきましたが、ここに此岸、彼岸という段階が入り、声聞、縁覚、此岸、彼岸、阿羅漢という順序が整理できました。

そこで、苦集滅道と阿羅漢への順序を対比して整理してみます。

①まず人生に疑問が出ます。仏教でいう「苦」です。生まれたことが苦の始まりであり、生きていることが苦です。学生の苦、衣食住の苦、仕事の苦、家庭の苦、老いの苦、病の苦、死への苦などがあります。喜びもありますが、喜びの時間より苦の時間を長く感じます。

②そこで「苦」を縁として、なにがしかの人生の疑問が発生し、声聞という宗教的教えに触れる機会があります。

③さらに声聞から縁覚へ、もっと積極的に宗教的勉強をしようと思う時期があります。これが「集」です。原因を知りたい真理を知りたいと思う時期です。

④人によっては発心というか発露というか、本格的に宗教的修行をしようと決意します。

ここが此岸です。「滅」です。この「滅」つまり、原因をなくしたい煩悩を捨てたいと決意する、この「滅」が重要なポイントです。

⑤ここからが煩悩（人生）との格闘です。仏教でいう「道」ですが、ようは人生修行です。

⑥高齢になって身体的機能がだんだん落ちてきて「死」を自覚するようになると、強い求道心で煩悩に打ち勝てる時機がきます。ここが此岸から彼岸の境です。彼岸に上がるには、強い意志で執着を断ち切ることです。性欲のスイッチを切り、良心の声を探すことです。煩悩に勝ったという実感が出れば、そこが彼岸です。フワフワ浮いているような肉体感覚、何らかの霊的直感が鋭くなるなどの現象が、一つの証明になります。

⑦しばらくは彼岸を歩き続けますが、やがて地上の物質化エネルギーの為、此岸までまた戻されます。在家であればなおさらです。でもそれでよいのです。いきなり過去の想念帯の黒い部分と取り組むよりは、その後の人生は、これ以上想念帯を汚さないことの方が安全だと思います。

⑧そして阿羅漢向から阿羅漢果を目指します。

解説を加えます。

人は誕生して、三歳くらいで自我が完成します。

幼稚園から小学校までは、イエス様の言われる幼子です。

特にとらわれもなく、天真爛漫な時期です。

小学校から地上意識の影響を受けて、自我は徐々に肉体我になります。

次の中学校では思春期を契機に、自我は完全に肉体我となります。

これが偽我です。

これは仕方のないことです。

肉体は、寝て食べて子孫をつくって、連綿と肉体を繋いでいくのを使命としているからです。

肉体の五官に基づいた生活になるのは、当然のことだと言えます。

そして人は、この偽我のまま人生の荒波に突入していきます。

しかし偽我に傾いたとはいえ、魂としてはそれで満足できるわけがありません。

魂は、自分とは何か、人生とは何か、人間とは何か、という問いを発します。

仏教で言われる「苦集滅道」の段階では「苦」の段階です。

人生は、苦ではないかと気づく段階です。

やがて人生体験の蓄積により、機根（宗教心）が芽生え、先程の声聞という心境になります。

お釈迦様やイエス様の教えに触れてみたいと思う時機で、さらに人によっては自らが積極的に宗教的勉強をしようという縁覚の段階に入ります。

苦集滅道では、「集」の時期です。

集とは、苦の原因を知ろうとする段階です。

やがて人によっては本格的に修行してみたい、自らの煩悩に打ち勝ってみたい、できれば悟りを開いてみたいと思う人もいます。

苦集滅道では「滅」の時期であり、此岸まで来ています。

滅とは、苦の原因は執着や煩悩だと気づき、執着や煩悩を滅したいと思う段階です。

実は、この滅は修行者にとってはとても大事なものです。

というのは、この決意がなければ前には進まないからです。

煩悩を滅したい、悟りを開きたいと決意するところから道は開けます。

そうして人は、迷いの岸である此岸から、悟りの彼岸を目指して修行に挑戦します。

つまり、自分の性格を直したいとか、飲む打つ買うをやめたいとチャレンジします。

ここから悟りの彼岸を目指して挑戦するのですが、また此岸まで押し戻されます。

「苦集滅道」では、「道」の段階です。

仏道修行では、八正道です。正見、正思、正語等、八つの修行項目があります。

修行は、この「道」の繰り返しです。

私は何回も挫折を味わいました。

ただ、徐々には彼岸まで近づいていたのでした。

だから諦めないことです。

やがて六十歳以上になると、年齢的にも煩悩を捨てやすくなることが分かります。


私は、煩悩を捨てるぞと決意しても、また煩悩に負けるという繰り返しをしながら、ついに還暦を過ぎました。

そろそろ認知症の心配をする必要があると自覚してきたある日、あとはボケるかも知れないので、もう最後のチャンスだと思って一大決心をしました。

そして、良心の声を意識として最大音量にしました。

（音楽ＣＤを聞いた後、頭の中で曲が鳴っているその音量を、意識的に大きくした感じです）

もう最後のチャンスであり、これで失敗したらもう修行はやめようという思いでした。

（私の弟はヘビースモーカーでしたが、脳出血で入院してからは完全にタバコをやめました。その決意と似ています）

その結果、煩悩が切れたのです。

もっと具体的に言えば、性欲のスイッチが切れたのです。

そのことは、霊的実感として感じ取ることができました。

何日か経っても、心が不動でした。

肉体の感覚は、いつもと少し違います。

頭が冴えて、体重が少し軽い感じがします。

次元的な感覚では三・五次元かなと感じました。

というのは、彼岸からは三次元の此岸が霊的に見え、また四次元以降の霊界も、さらに奥にあるというのが感じられるからです。

この時、この世とあの世の境界図が、霊的にイメージとして降りてきました。

ただ、私の立ち位置のすぐ隣に光の精霊界があるというわけではなく、私の心の中に巣食っている悪想念が暗い森として横たわっている感じで、この森を今一人で抜けるのは困難だと思いました。

ここからが、プロの心の内面の修行だと伝わってきます。

私は素人だから、こんな厳しい修行はやめて俗世に戻ろうかとも考えますが、いまさら煩悩の川に入るのは抵抗があります。

というのは、煩悩の川の中に何か得体の知れない存在を、霊的に感じることができるのです。

この存在が、今まで足を引っ張っていたのかと思いぞっとしました。

暗闇の森にも入れない、煩悩の川にも戻れない、しばらくはこの狭い彼岸の岸をただ歩いていくしかないと思いました。

さて来てしまったものの、どうしたものかという感じです。

ただ過去の聖人と言われる方も、肉体を持ったままでは、ここが限界なのだという感じも霊的に伝わってきます。

半分肉体で、半分霊体という不思議な感覚です。

これ以上の四次元以降の世界には、幽体離脱しなければ行けない領域だというのも分かりました。

この先にあるのが、阿羅漢という世界だと伝わってきます。

これから歩いていく道が阿羅漢向であり、着いた先が阿羅漢果ということなので、整理すると声聞から縁覚、此岸から彼岸、阿羅漢向から阿羅漢果というのが阿羅漢への道程です。

（２）自我とは何か

阿羅漢への順序と同時に分かったのが、自我とは何かということでした。

人は皆、物心がついた時から、自分と他人を比較します。

そして自分とは何か、自我とは何かを一度は考えると思います。

私も、なぜ自分は自分なのか時々不思議になります。

自我とは何だろうかと、常々疑問を持ち続けていました。

魂の声の一部だろうと思っていました。

それがようやく分かりました。

私が彼岸に到達したと思った時、私の肉体意識が私にイメージとして話しかけてきたのです。

地上生命である肉体は、何億年もかけて「命を命で繋いできた」のだと。

肉体をおろそかにしないでほしい、卑しいものと思わないでほしいと訴えてきたのです。

魂の乗り物としてふさわしい肉体になるまでに、相当の進化を経てきたのだという主張でした。

霊主肉従という言葉があります。

宗教的真理ですが、肉体の主張も半端でありませんでした。

やはり色心不二（肉体と心は同じである）というのが、本当だと思います。


この肉体の声を聞いて分かったのですが、自我とは、あの世で生活していた霊体が魂となって、この地上で肉体に宿った時、肉体と魂との接合部分で発生した、今世の霊肉同時意識ということです。

（人間とは本来、生命エネルギーという意識体です。この意識体が、人間の肉体に宿る為に、意識体から霊体そして魂と、意識量を絞って肉体に宿っています）

つまり、自我とは、魂の肉体結合部分と、肉体の魂結合部分が合体して一体になり、この地上で発生した「今世で発生した新たな個性の霊肉同時意識」ということです。

人間というのは、肉体に魂という霊体が合体した生命体です。

車で例えると、肉体は車です。

魂は、車を運転するドライバーのことです。

ドライバー（魂）は、運転席（肉体）に乗り込み、ハンドルをつかみ、アクセルやブレーキに足を置きます。

このハンドルやアクセル（肉体）と、手足（魂）が一体化した部分が、自我です。

この自我意識は、三歳頃で完成します。

魂が、肉体の扱いを完全に覚えた時期です。

車で例えると、自動車教習所で運転免許証を取得した状態が三歳です。

三つ子の魂百までと言われるのはそうした理由からですが、過去世からの業や今世の環境で、性格はその後も変わります。

この自我意識は、過去世のどの意識とも違う新たな意識なのです。

最新バージョンの霊体と、生まれてくる前に天上界で約束した両親からいただいた肉体の、霊肉同時意識です。

夢の中で思いっきり走ろうとしても走れないのは、霊体意識に肉体意識も付いていっているからです。

この意識は、小学校までは天真爛漫な状態で、いわゆるイエス様が言われたところの幼子です。

この自我意識ですが、やがて地上生活の蓄積で、徐々に肉体意識に傾いてきます。

そして、思春期で性欲にスイッチが入った時、この自我は完全に肉体意識に傾きます。

これが肉体我であり偽我です。

（おそらく多くの人は、思春期以降は、自我は偽我による自動運転になっています。最近は、車でもかなり自動化が進み、将来運転手はハンドルも握らなくてよいようですが、私達の人生も実は、自分で車を運転しているのではなく、偽我の自動運転のまま人生を過ごしている可能性があります）

高橋信次先生は、魂の中枢である心を、潜在意識、想念帯、表面意識と分けました。潜在意識は、五次元から六次元の善我意識と、七次元以上の真我意識に分けられると思います。

想念帯は、過去世からの全ての記憶と、今世の自我の記録装置です。

表面意識をさらに、肉体と結合した自我意識、次に表面意識、想念帯に近い良心意識と三種類に分けることもできますが、通常では表面意識を自我と呼び、思春期に入った時点からの表面意識を偽我と呼んでよいと思います。

（3）睡眠の意味

魂とは何かですが、魂とは、人間と同じ形で肉体に収まっている霊的生命体です。（魂の中枢部分を心と呼びます）

もともとは宇宙の根源神の意識から徐々に分化して、やがて個性ある霊体になり、さらに人間の肉体に適応するように意識量を絞ってきた状態が魂です。

魂は、あの世では食事も睡眠も生殖活動も必要ありません。

魂は、自由自在に活動できます。

幽霊に足がないのは、歩く必要がないから足という意識の欠如で足がないのです。

魂の活動エネルギーは、あの世の霊太陽から補給されます。

霊太陽の光に当たっているだけで、太陽電池のようにエネルギー補給できます。

その感覚の為、地上でも天気の良い日は気分が良いのです。

その点、肉体は不自由です。

肉体は生存の為には、食事、休息、生殖活動が必要です。

本来性質の違う魂と肉体が、地上で合体して自我が発生したのが人間です。

やがて自我は偽我に傾き、酒、金、異性、地位、権力へ溺れていき、人生の苦悩が始まります。

ところが、魂に必要なのは霊的エネルギーだけであり、これは夜寝ている間に自動補給されます。

だから寝ないでいると精神が狂うと言われているのは、魂のエネルギー不足の為なのです。

睡眠は、魂の食事なのです。

生きている間は、肉体も魂も活動を止めるということはないのです。

心臓や脳や肉体臓器の活動が止まったら死にます。

つまり、肉体は一度地上に生命を受けたら、心臓が止まるまでは動き続けているのです。

車で例えれば、いったん車のエンジンが動いたら、運転手は休憩でいなくなっても、車はアイドリング状態でいつも待機しているようなものです。

車という肉体には食事がエネルギーで、休息や運動、健康診断などのメンテナンスが必要です。

運転している魂というドライバーは睡眠が食事で、心の精神的修行がメンテナンスなのです。

（４）生命とは何か

彼岸に到達した時、私の肉体意識が強烈に私にイメージを送ってきました。

肉体生命は地球上で発生し、連綿として続いてきた生命体であり、軽んじてもらっては困るという主張でした。

人類の祖先は、他の星より移住してきたという説があります。

そうだとしても、それ以前より地球でも命は連綿と続いてきたわけです。

私は今まで、生物が生物を食べる食物連鎖に疑問がありました。

どうも不条理なような気がするのです。

ところが、食物連鎖は弱肉強食の理不尽な世界ではなく、命は命によって繋いできたのです。

命を繋げるのは命だけだったのです。

では命とは何か、それは一言で言えば「光」です。霊的光です。

霊的光とは、神の光です。

神の光は命であり、また全ての物質の元であります。

地球上では、地球環境が生命誕生に適するまで落ち着いてから、地球の霊的実態である地球意識よりオーラが発生します。このオーラつまり神の光が、物質化エネルギーにより原始生命体に変化します。原始生命体とは、海水中で化学的に出来たアミノ酸が結合してタンパク質の固まりになったようなモノに、霊的生命（魂）が宿った状態でアメーバのようなモノだと言われています。この原始生命体は、繁殖を続け進化します。やがて植物と動物が発生し、植物は光をエネルギーの一部とし、その植物を動物が食べ、その草食動物をまた肉食動物が食べるという光の循環が出来ます。

従来このサイクルは、弱肉強食の世界と思われてきました。

実はそうではなく、命は命によって繋いできているのです。

つまり、命が命を食べるサイクルとは、命が光を食べるサイクルであり、神の循環のサイクルなのです。

私の肉体が、強烈な自己主張をしてきたのは、今まで肉体の声の叫びというものを、聞く機会がなかったからだと思いますし、宗教的にはむしろ、肉体は執着の原因とも言われる存在であったからだと思います。

谷口雅春（「生長の家」創始者）先生の教えの中でも、本来肉体なしという教えもありますし、高橋信次先生の教えでも、三次元物質というのは非常に不安定なもので執着してはいけないという教えでした。

仏教でも、諸行無常とか無我や空という思想があって、物質や肉体というのは執着の代表的なものと見ています。

つまり、宗教的には霊主肉従の観点から、肉体や物質は執着の根幹をなすものであり、この肉体や物質からの精神的解放が、一種の悟りであるかのような流れでした。

今回の肉体の叫びは、これら肉体軽視に対する肉体の強烈な自己主張を聞いた感じがします。

確かに、肉体自体に悟りの問題点があるわけではありません。

むしろ肉体は、魂の良きパートナーであり、健全な肉体に健全な魂が宿るというのは真理です。

（5）彼岸とは

①神とは何か

五十代の私は、解答を見つけられないままの毎日でした。

頭の中にあるのは、いつも「なぜ」という疑問でした。

信次先生ほどの偉大な方が出られたのに「なぜ」

その後、リカバーするはずだったのに「なぜ」

強力な守護神がついていたはずなのに「なぜ」

人間が簡単に煩悩を捨てられないのは「なぜ」

阿羅漢になった人でも変節するのは「なぜ」

疑問だらけの私は、そのうち出家でもしようかと考えていました。

一つ気になるのは、そんな余裕が出た頃にはボケているのではないかということでした。

そういう焦りがありましたので、そこで一大決心をしたわけです。

煩悩を捨てて心境を変えようと。


驚いたことに彼岸への流れは、決心と同時にスタートしました。

私の中に、守護神でも宿ったのかというくらい、強く自信のある良心が復活したのです。

三日ほどで、岸に上がったイメージが降りてきました。

直感で、そこは彼岸だと分かりました。

というのは、岸の周囲が見渡せて、あの世とこの世の境界図が降りてきたのです。

彼岸とは、仏教的には悟りの境地という意味です。

でも悟ったという感じではなく、岸に上がったという感じでした。

その後、毎日のように様々な啓示が降りてきました。

疑問があると、答えも降りてきました。

心境にかなりの変化があります。

そこでこれは、一つの悟りではないかと思い始めてきました。

（そして三年後に、彼岸は悟りだと啓示が降りてきたのです）

では悟りとは何でしょうか。

この解答は様々あります。

というのは、この「悟りとは何か」という質問ですが「お酒とは何か」と質問するのと似ています。

お酒とは何かに答えれば、アルコールの入った飲料という答えになりますが、お酒について語りたいなら日本酒とは何か、ビールとは何かというテーマに絞るはずです。

お酒とは何かに体系的に答えれば、お酒の種類、歴史、製造方法、飲み方まで広範囲にわたりますが、悟りとは何かもこの範疇《はんちゅう》に入り、なおかつ次元を超えた範囲にまで広がります。

信次先生は「神とは何か」というのは、その質問が間違っていると言いました。

今までその意味するところが分かりませんでしたが、今回ようやく分かりました。

「神とは何か」というのは、「飲み物とは何か」と「お酒とは何か」と「日本酒とは何か」を同時に質問しているようなものです。

飲み物は何かという質問は、宇宙根源神とは何かという質問です。

お酒とは何かという質問は、救世主とは何かという質問です。

日本酒とは何かという質問は、諸天善神は何かという質問です。

ただどの質問も、神様を山や川や海のように一つの存在として、一つのモノとして解釈しようとしているのです

点が動いて線が出来、線が動いて面が出来、面が動いて空間が出来ます。

この三次元世界に空間が出来たことにより、誰にとっても一律に時間は未来に動いております。


空間の中は自由に移動できますが、時間の移動はできません。

時間の移動ができる時間軸は、この三次元世界にはありません。

時間軸が入るのは、四次元以降のあの世です。

この時間軸でさえ、その構造を完全に解明した方はまだ居ないのです。

五次元六次元と、さらに次元軸が増えていきます。

そういう意味で四次元以上の世界は、もう我々には認識できません。

例えば、この世の三次元でゾウという動物は、鼻、耳、胴体、足、尻尾というのを一瞬で認識できますが、もし四次元のゾウであれば、我々が認識できるのは鼻や耳や足や尻尾の一部分なので、四次元ゾウの全体像を一瞬で理解するのは難しいのです。

つまり神の世界とは、認識できる世界と認識できない世界の両方を含んであり、その

一切を含めて神なのです。

だから「宇宙根源神とは何か」に敢えて答えれば、「この世とあの世を含んだ一切が神」ということになりますが、この「一切」の中に最初から認識できない事項が入っているのです。

ただ、神様の本質の有り様を説明してきたのが、今までの宗教でした。

神とは、命であり、光であり、法であり、愛であり、正義であり、秩序であり、智慧であり、進化であり、調和であり、芸術であり、大宇宙であり、創造と破壊、最初と最後の全てが神と言えます。

②悟りとは何か

悟りとは何か。

この解答が様々あるというのも、その奥行きや広がりや高さが様々あるからなのです。

つまり、あの世の霊界ビルに行った場合、階で景色が違うということです。

例えば、地下室であれば部屋の中しか見られません。

一階から高層まで、窓から見た景色は変わります。高層階ほど遠くまで見えますが、一階では向かいの商店しか見えません。

また、日本の霊界ビルと外国の霊界ビルでは、中の様子も外の景色も違います。

また同じ日本でも、都会のビルと田舎のビルでは景色が違います。

これらのことが、悟りや霊界報告で様々な情報が出てくる理由になります。

だから私の到達した悟りも、悟りの全体の一部でしかないし、この本で解説していることも、私が理解できた範囲でしかありません。


では悟りとは何かを解説してみます。

三次元的に最も簡単な悟りは「気づく」です。

その次に「納得する」という悟りがあります。

そして一番上には、お釈迦様の「宇宙即我」という九次元の悟りがあります。

つまり、生活や仕事や趣味など各分野での悟りもあれば、学問や宗教を通しての悟りもあれば、三次元から九次元までの段階別の悟りもあります。

「悩みを聞くとその人が分かる」という言葉がありますが「何を悟ったかを聞くとその人が分かる」という言葉も真実です。

その他に修行目標を決め、そこまで到達したと感じたなら、それも悟りだと認定してよいのだと分かりました。

信次先生に出会った頃の私の最初の目標は、短気を直すことでした。短気が直るまで、十年ほどかかりました。

二番目の目標は、我慢と忍辱《にんにく》、怒ると叱るの違いを知ることでした。我慢とは、例えば注射の痛いのを耐えている状態ですが、忍辱とは注射の痛さに感謝できる心境です。

怒るとは、我慢を超えて感情が爆発している状態ですが、叱るとは愛ゆえに注意するということです。

この修行にも十年以上かかりました。

（現在は、むしろ喜怒哀楽は必要なものだと思っています）

三番目の目標が、煩悩を捨てることでした。もっと具体的に言えば、性欲を捨てることでした。

これは捨てられませんでした。

というのは人間として備わっているものを、在家の人間として捨ててよいのかという疑問があったからです。

でもこれを捨てるということを目標にしたのは、一つが出家というこの世と断絶する修行方法があり、もう一つは、すでにその境地に到達した方を何人も知っていたからです。

超えてみて分かったのですが、性欲だけはスイッチがあるのです。

今までその理論が確立されていない為、宗教では女性を避けてきたのです。

女性は執着の対象と見られていたわけですが、それでは女性には悟りはないのでしょうか。もちろん悟りに男女の区別はありません。女人禁制という言葉も、修行者保護の為の方便でしかないのです。

性欲のスイッチを切ることにより、宗教者であっても男女の交際は自由なのです。

私は、ようやく悲願だった第三の目標に到達できました。

でも、もともとは阿羅漢を目標にしていましたので、この境地が悟りだとは思っていませんでした。

その後も修行を続けていたのですが、阿羅漢にはとても行けないことが分かりました。

なぜなら阿羅漢とは霊道開発のレベルであり、守護霊との交流領域であります。

そこは素人が立ち入ってはいけない領域だと感じてきました。

そこで、私が到達した悟りの心境を在家の彼岸、彼岸の悟りと呼ぶことにしました。

彼岸の悟りを定義してみると「彼岸の悟りとは、執着を捨てた心の平安から生ずる霊的覚醒」ということです。

執着を捨てた心の軽さは、実感してみると法悦とまではいかなくても、かなりの喜びがあります。ただそれだけでは、現世への執着が足を引っ張ると思います。ところが霊的覚醒というのが、日常性を変えました。

魚で例えれば、今まで水の中の世界しか知らなかったのに、水面からジャンプしたら地上の世界が見えたという感じです。

そこで今までは、正面だけ見て泳いでいたのに、水面近くまで来て上目遣いに見ると、地上の世界が少し見えるという感覚です。

これは、魚に精神革命を起こします。

人間でも同じです。

今まで、地上世界だけが中心でした。

ところが彼岸の境地では、心の中に何らかの霊的啓示やインスピレーションが降りてきます。

また見る夢が、まさに修行と言えるような試しの夢だったり、何らかのヒントだったりします。

地上世界は三次元です。
あの世が四次元です。
上目遣いにあの世が感じるので、彼岸は中間の三・五次元くらいだと感じました。
魚がジャンプして地面に上がったとすれば、そこが四次元で阿羅漢です。

③彼岸への方法

阿羅漢までは行けなくても、彼岸へは条件次第で誰でもが行けます。
彼岸への行き方のカギは、四つあります。
一つは、自分は此岸に居るという自覚です。
苦集滅道では、滅の自覚です。
煩悩を滅しようという自覚がないと、その先は始まりません。
二つ目は、今つかんでいる執着を捨てることです。
魂という風船は、地上に縛られたままでは自由に空を飛べないのです。
三つ目は、性欲のスイッチを切ることです。
スイッチを切るのであって、スイッチを壊すというイメージはありません。

なぜなら、スイッチを壊しては人間らしさや情緒という面で、偏屈な人間になるからです。

スイッチを切ることで、自我は偽我から本来の自我に戻り、さらに霊的我になります。

昔から人は、霊と肉と両方に仕えることができないと言われるのは、このスイッチのことです。

お釈迦様が悟りを開かれる直前も、悪霊が女性に変化して出てきたというのも、この最後の性欲のスイッチを試されたものと思います。

宗教界では、お坊さんが妻帯してから、その後高僧が出なくなったと言われますし、また巫女が、異性と関係を持つとその能力がなくなると言われるのも、このスイッチのことを意味します。

ただ私は、ストイックな人生が全てだとは思いません。

愛は男女の中から生まれるし、家族を構成してこそ責任と義務、奉仕の精神が熟成されます。

子供が出来て初めて親心も分かります。

いたずらにスイッチを切って霊的能力を追求することは、むしろ悪霊の餌食になります。

四つ目が、良心の声を探すことです。

自我の中の良心部分に、守護霊や指導霊が居られる世界にコンタクトできる部分があるのです。

啐啄《そったく》同時という言葉があります。親鳥が殻をついて雛が出るのを助けるという意味ですが、悟りもまさにそうです。

悟りたいと思う意志に守護霊も応えてくれるのですが、守護霊は心の修行程度を見ています。求道心から不動心になり、不動心が不退転の境地まで成長すると、差し出した手を握り返してくれるようです。

④悟りの構成

悟りとは、
(1)どのように悟ったか
(2)何を悟ったか
(3)どこまで悟ったか
(4)その悟りの維持は続いているか
(5)悟りから発展しているか

という全てが悟りの全体像だと思います。

⑶のどこまで悟ったかということですが、この世が三次元、霊界が四次元から九次元まであるので、それぞれの次元で悟りに仮命名をしてみると、この世での悟りは、人間は神の子だと気づくことなので（私の解釈です）、

三次元の悟りは、神の子即我と仮に命名してみます。以下、

四次元は精霊界または幽界と呼ばれるので、霊即我。

五次元は霊界または善人界なので、善即我。

六次元は神界と呼ばれ、知を極めた求道心の世界なので、道即我。

七次元は菩薩界で愛の世界なので、愛即我。

八次元は如来界で、神仏のような存在なので、慈悲即我。

そして九次元は救世主界、または宇宙界なので、宇宙即我。と便宜的に呼んでみます。

それで私の場合は、

⑴どのように悟ったか

光明転換により煩悩から離れることによって悟った。

(2)何を悟ったか

執着から離れた自我は心が平安になり、肉体我（偽我）から霊的自我に傾くことにより霊的覚醒を起こし、その結果、様々な霊的啓示が降りてくることを悟った。

(3)どこまで悟ったか

霊的覚醒で止まっているので、霊即我という四次元の最初の段階までの悟りです。

(4)その悟りの維持は続いているか

神理学習の継続により、かろうじて維持している。（現在は普通です）

(5)悟りから発展しているか

まだ阿羅漢への小乗であり、大乗までは発展していない。

と言えると思います。

お釈迦様の悟りを分析してみますと、

(1)どのように悟ったか

六年の修行中、村娘チュダーダの歌う「弦の音は中程にしめて音色が良い」という民謡と布施されたミルク粥により、三つの気づきがありました。

（出家した時点が滅であり、此岸です）

一つは、歌の内容から、極端な修行や人生からは悟れないということです。

こだわりや執着から離れると、心に平安が生ずることに気づきます。

二つ目は、村娘の健康的美から、囚われなく生きている姿は、本来美しいということです。

三つ目は、ミルク粥の滋味から、物質にも意味があると気づきます。

このことから、生まれてきたからには、人生には目的と使命があるはずだと気づきます。（後の、正命、正業、正進に繋がります）

この頃のお釈迦様は、衣食住を一人で用意し、修行も極限状態でした。

（ここが道です）

中程から外れた極端な修行（思いと行為）が苦しみの原因であり、命を輝かせて生きている姿は本来美しいと気づいたお釈迦様は、心の平安を取り戻し肉体の健康を回復する決意をしました。結果、霊的覚醒が起きます。

（この段階が、彼岸の悟りと思います）

心の平安を取り戻し、霊的覚醒が進んだお釈迦様は、悪魔が女性となって現れるという霊的現象を体験し、心の深層部分に「己心の魔」があることに気づきます。

（このことが、反省に繋がるキッカケになります）

死への執着からも離れたお釈迦様は、さらなる霊的覚醒が進み、ついには実在界（あの世）を霊視できるようになります。

（この段階で、阿羅漢だと思います）

そして、実在界の光明と現実世界の差は、悟りの境地と現在の心のギャップを表しており、実在界（悟り）の世界に入るには、心の平安を確立し、心の中の善悪を見極め、過去も含めて心のくもりを取り除くことだと気づいていきます。

心の平安を妨げているものに、二つあります。

一つは、心のさざ波です。これは現在の心の動揺や欲です。

（心が波立っていると、天上界と周波数が合いません）

もう一つは、心のくもりです。これは、過去の心のさざ波の結果、想念帯に残った怒りや愚痴や執着などです。

（ランプに灯りをともしても、ガラスがくもっていると光は出てきません）

そこで、悟りに到達する為には、心のさざ波や心のくもりを取ることであり、心のさざ波を止めるには執着を捨てることであり、心のくもりを取る為には、心の世界の善（良心）と悪（偽我）を見極め、反省による心の光明化を図ることだと気づきます。

反省の為には、五官から入ってくる情報の正しい評価（正見）や、正しく思うこと、正しく語ること等の八正道の基準を発見します。

反省瞑想の修行中に魔王が現れ、お釈迦様に修行の中断を懇願したことにより、この反省瞑想という修行方法が正しいことに確信を持ちます。

その結果、お釈迦様は、全ての執着を捨て去り、自らの過去の人生を八正道という規範で反省し、遂に想念帯の完全浄化により、悟りを開きました。

(2)何を悟ったか

一切の執着から完全に離れた意識体は、大宇宙にまで拡大し、神の叡智と同化することができる。

人間とは、霊的生命体であり、輪廻転生している。

輪廻転生の結果、人は皆、心の中に偉大な智慧を持っている。

霊的生命体は、最小単位は魂であるが、覚醒すれば大宇宙にまで大きくなれる。

過去世の結果が今世の原因ともなり、今世の結果がまた来世の原因ともなる。

人生には、目的と使命がある。

悟りへの方法は、八正道という反省行であり、基準は中程である。

この世は、物が変転する世界であり、あの世こそ実在の世界である。

物（色）とは、空（エネルギー）であり、無（本来無し）である。

等々、神、宇宙、森羅万象について多くの神理を悟った。
(3)どこまで悟ったか
宇宙即我という九次元としての、最高の悟りまで到達している。
(4)その悟りの維持は続いているのか
瞑想三昧の境地により、絶えず確認している。
(5)悟りから発展しているのか
梵天勧請により大乗へと発展し、仏弟子の育成と仏教の布教に努めた。

と言えると思います。

（梵天勧請とは、悟りを開いたお釈迦様に、梵天が、衆生の救済と神理の法灯を点じてほしいと勧めたことです）

⑤悟りの維持

彼岸の心境を維持するには、君子危うきに近寄らずでした。

煩悩的刺激を避けることです。

煩悩に火がつくとまではいかなくても、心が揺れることはあります。
一度、心が揺れると、心境を元に戻すのに大変な労力が必要なことが分かりました。
例えば、何回か使用したシャツの色を、新品のシャツの色に戻すような苦労がありま
す。
だから煩悩の環境には近づかない方が、賢明なことが分かりました。
また食事ですが、これも精力をつける食べ物は少ない方が賢明です。
酒も大量に入ると、理性が狂います。
(現在は普通生活なので、食事も飲み物も自由ですが、酒は少量にしています)
彼岸の心境を維持するのに、想念帯浄化の反省も必要でした。
なぜかというと、夢で試されるのです。
イエス様は、「汝、色欲を抱いて女性を見たるは、すでに姦淫したるなり」という厳し
い言葉を述べておりますが、彼岸の維持はその世界です。
つまり、行為より今考えていることを問われてきます。
今何を考えているのか、深層意識に何があるのかを夢で試されてきます。
彼岸の心境を維持するのに必要なのが、神理学習です。
神理は、格言や真理とは違います。

神理とは、神様の教えという意味です。

例えばイエス様の「右の頬を打たれたら左の頬も出しなさい」という言葉は、格言や真理というレベルを超えています。神理の言葉です。

過去の聖人と言われる方々の言葉には、これら神理の言葉が多いのです。

今までも神理学習はしてきたつもりですが、予備知識がないまま彼岸に来てその心境を維持し、降りてくるインスピレーションを整理するのが精一杯な状態では、今後の方向が分かりません。

もう一度過去の書籍を、様々に引っ張り出してきました。

しばらくして分かったのが、今歩いている道が阿羅漢への道であり、この彼岸の心境の維持に必要なのが神理学習であり、八正道の修行だということでした。

一番光が入ってきたのは高橋信次先生の著書や、大川隆法氏の土屋書店版霊言シリーズの書籍ですが（私個人の感想です）、それ以外の方の書籍でも今まで以上に心にしみ込んできます。

神理学習が心のエネルギーになると、初めて実感しました。

⑥悟りの問題点と功徳

彼岸の境地に到達してから、半年ほどで普通の状態に戻っていきました。自分としては阿羅漢を目指しているのに、徐々に此岸に戻されるのです。

原因は、二つありました。

一つは、心の未熟さからくる心の動揺です。

八正道に真剣に取り組みましたが、仕事をし社会生活を営んでいると、様々に心が揺れ徐々に此岸に戻されます。

戻された理由がもう一つ分かりました。

この三次元世界は、精神的なものを物質化して認識しようとするエネルギーが、働いている世界だったからです。

例えば、父親が家族に口で「愛している」と言っても、家族が欲しいのはその愛の実感です。食事に連れていってくれるとか、遊びに連れていってくれる方が愛を実感できるのです。

「愛している」と口で言うより、物や行為の方が実感できる世界が、この三次元世界です。

愛や思いやりや優しさという精神を、物や態度や行動に物質化しようとするエネルギーに満ちあふれているのが、この三次元世界と言えます。

彼岸から此岸に戻されてみて、その物質化エネルギーの強さがよく分かりました。

そこで彼岸に、三つの問題点を発見しました。

一つは、いつまでも悟り続けているというのは難しいということです。

むしろ悟ったと思った時点から、その悟りは時間の経過と共に後退していきます。

悟りの問題点は、その維持が難しく発展はさらに難しいということです。

つまり悟りに安穏としていると、心境はどんどん後退するのです。

二つ目は、その悟りは本物かどうかという客観的判断基準がないということです。

霊能者の方がいて、霊的光を確認できれば別ですが、そうでなければ当人の自覚のみです。

だから、周囲の方はよく観察することですし、周囲からじっくり観察されることです。

言っていることと行動に矛盾がないかどうか。

執着を捨てたと言っても、数年後にはただの煩悩人に戻っているかも知れません。

ただの煩悩人であればまだよいです。

一度、霊的感性が鋭くなっていますので、野狐禅《やこぜん》になっていたりミニ教祖になっている場合もあります。だから求道心を持ち続けることです。

三番目の問題点は、悟りと愛の関係です。

悟りは、自己完成という高みを目標とします。

彼岸という悟りからでは、愛の思いが出てきません。

愛は、もっと高次な悟りからでないと発動しません。

彼岸では、愛を目指しての修行は、別次元であることが分かりました。

これが、仏教が小乗と大乗に別れた原因です。

つまり、まだ初期の悟りでは、悟っていても愛深くない人もいるということです。また、悟っていなくても愛深い方も居られるということです。

月に行ったウサギという話があります。

サルとキツネとウサギが神様の所へ行って、人間にしてほしいとお願いする物語です。

最終的には、ウサギは人間に食べさせる食料を見つけられなかったから、自分を焼いて食べてもらうことにしたわけですが、それを見ていた神様は、サルとキツネは人間にし、ウサギは月で暮らせるようにしたという物語です。

愛の究極は、この自己犠牲にあります。

悟りは、自らを高めて行くベクトルですが、愛は逆といえば語弊がありますが、自己犠牲のベクトルです。

高次の悟りでは、慈悲と愛がお互い連携し合う関係になっていますが、彼岸のレベルではまだ個人の悟りに留まっています。

これら三点が、彼岸の悟りの問題点と思いました。

ただ彼岸といえども、小さな悟りであることに変わりはありません。

一会社や一企業に彼岸者が居れば、その会社や企業は発展していきます。

そして一国家に、彼岸者が多いほど、その国は発展していきます
では彼岸とは、何か特別なのかと言われれば、特別なことではないが、平凡なことでもないと言えます。

心が平安で直感力が少し増え、インスピレーションが降りやすくなっています。

今までは、悟りといえば阿羅漢の霊道者が基準でした。

確かに霊道者の霊能力は、神通力と言ってよいものでした。

ただ弊害として、霊能力信仰に陥ったと思います。

高橋信次先生の霊道現象以来、阿羅漢の霊能力が一人歩きしたような感があります。

霊能力のない悟りは、悟りでないような気持ちがありました。

しかし、彼岸に上がってみて一番の功徳は、心が穏やかで平安であるということです。

霊能力の功徳は否定しませんが、やはり霊能力信仰というかスーパーマンへの憧れの弊害は強いものがあります。

そのことが、本来の悟りの有り様を歪めているのだと気づきました。

これからは、霊能力はプロの方にまかせて、心の平安の悟りということを追求すべきです。

⑦反省の考察

悟りでは、反省は重要課題です。

お釈迦様の時代は、一週間の反省をして心のくもりが取れ、頭から後光が出ないと入門は許可されませんでした。

それを二千五百年ぶりに再現したのが、高橋信次先生です。

八正道という規範と中道という基準で、物心ついた時から現在までの人生の反省を続けていくと、心の表面意識と潜在意識の中間にある想念帯という部分が浄化され、潜在意識が表面意識に向かって流れ込んでくるという説です。

この時、反省瞑想により霊道が開き、守護霊との会話や過去世の意識をひもとくことができるということを現象として公開し、なおかつビデオにも収録して後世に残しました。

そんな前代未聞の奇蹟が、この日本でつい最近の出来事としてあったのです。

宗教史的にみても、とても貴重なことだと思っている方は、まだ大勢いらっしゃると思います。

また、信次先生の研究者も信奉者も大勢居られるし、宗教世界に与えた影響は計り知れないものがあります。

反省により想念帯浄化をし、反省瞑想により想念帯に通路を開けるという霊道理論はそうですが、実際にはそう簡単に霊道が開けるわけではありません。

やはり、如来の他力の光が必要なのではないかと、今でも思っています。

また、反省の基準は中道であると説かれています。

しかし、この中道がなかなか難しいのです。

中道という基準は、人によって違います。

人生経験や認識力によっても、判定が変わります。

そこで在家と出家では、反省を分けて取り組んだ方がよいと分かりました。

人生も長く生きてくると反省の量が多くなりますし、反省だけで済まないほどの罪もあるのではないかと考えるようになります。

準備知識もないまま、いきなり反省に入ると反省によって暗くなりがちです。

というのは反省とは、要は至らない自分を発見し、欠点や短所を解明するところからスタートするからです。

そこで反省を再考察すると、今の自分の認識を作ってきたのは過去の様々な体験があるからです。

であるならば、過去の様々な体験は、自分にとっては情報の蓄積であったはずです。

ということは、今までの一切の体験を総まとめして一言「貴重な体験でした。有り難うございます」と言えないでしょうか。

谷口雅春先生が言われる通り、反省という自己観照にとらわれ過ぎていると、そこから浮上できないことがあります。

そういう意味で、過去の体験を全部まとめて認識の蓄積と考えれば「有り難うございます」という感謝で、光明転換が可能です。

宗教も、宗教的教えに感動してから、信仰の道に進むのが順当だと思います。

まず、心にエネルギー補充して自己信頼を回復し、そうしてから反省に取り組むとよいでしょう。

人生体験の蓄積から此岸までは、在家の反省です。

これは、自分の欠点を修正し、器量と度量を伸ばす為の反省です。

しかし、四諦八正道のような反省は想念帯浄化の反省であり、これは彼岸から阿羅漢に向けての反省であり、プロのお坊さんの反省であることが分かりました。

つまり、人間の成長に必要な反省と、悟りの維持や阿羅漢に向けての反省は、質が違うことが分かったのです。

在家の反省は、成長の為の反省が主体ですが、利害が絡むと判断を間違う場合があります。

例えば、泥棒の反省です。

もっとうまくやれば、もっと泥棒で稼げたのではないかという反省では、何かが違います。

反省も、認識力が成長していない場合、正しく間違っている場合があります。

この正しく間違うということですが、宗教関係者に多い現象です。

宗教を勉強している方は、皆、心根は良い方ばかりです。

なのに、お題目で人が救われるとか、念仏で功徳があるとか言われるとそれに埋没してしまい、イワシの頭も信心からというようなことをしている方が多いのも事実です。

また洗脳やマインドコントロールという現象もそうです。

学生時代に猛勉強して希望する大学に入学しても、その後の目標がありません。

また、希望する会社に就職しても、心の中を隙間風が吹き抜けていく場合があります。

そこで、人生とは何かという疑問が出てきます。

ここで新興宗教の門をくぐり、霊能者に心の中を読まれ「あなたは神の子である。あなたには偉大な使命がある。その使命感が今、この場の出会いとなっている」と言われれば、舞い上がってしまうのは当然です。そして教義の勉強や伝道にのめり込んでいき、組織の一つの駒になっていきます。学習より実践、行為にしてこそ功徳が大きいと言われれば、ますます特化していきます。

これを、正しく間違うと言います。

社会勉強の中で、心の勉強の位置づけが分からないのです。

つまり客観的認識力が追いついていないので、のめり込んでしまうのです。

中道の基準自体が発展するなら、その見極めというのがなかなか難しいのです。

そこで反省には、体験学習による認識力成長の為の在家の反省、つまり考察と、八正道という出家の反省とは、分けて取り組んだ方がよいと分かりました。

⑧悟りとアセンション

一時期、アセンション（次元上昇）という言葉が出回りました。

三次元から五次元の世界に移行することだと言われておりますが、私は無理があると思っています。

四次元や五次元からの物質化現象というのは、あり得ます。

しかし、この肉体のまま次元上昇するというのは、無理があると思います。

というのは、現在の地球の霊的環境が、あまりに汚染されているからです。

もっとはっきり言えば、地獄領域がかなり拡大しているということです。

今の地球環境で三次元から次元上昇すれば、最初に影響を受けるのは、四次元低級霊界の波動だと言えます。

人は誰でも、己心の魔という闇の部分を持っています。

この闇の部分の統御、抑制という訓練がなければ、外部の闇に同調してしまいます。

つまり、心の胆力を鍛えていないと、次元上昇しても外部の闇に振り回される危険があります。

アセンションもある意味、一つの悟りです。

では悟りに、他力の悟りはあるのでしょうか。

残念ながら、悟りは自力の世界です。

自力あっての他力です。

守護霊が見ているのは、真の心の成長であり、群集心理的な意識とは違います。

心の化粧ではなく、心自体の有り様を見ています。

三・五次元とも言える位置は、まさにアセンションだと言えます。

子供の頃の天真爛漫だった時期が、この位置に近いです。

だから私も子供の頃は、霊的体験ができたのでした。

小学校や中学校で、天才が出る場合があります。

その方の自我は、彼岸状態なのだと言えます。

ただアセンションでも若き天才でも、相当の努力がなければ、やがて一般人に戻されるのがこの三次元世界です。

9　霊能者の変節理由

高橋信次先生時代の霊道者以降、多くの霊能者の変節を見てきました。
菩薩格や如来格を持ちながら、なぜ変節するのか長年の疑問でした。
これもようやく分かりました。
原因は、自己実現の方向性が、途中ですり替わることでした。
霊能力が開いた当時は誰でも、社会の為に貢献したいと考えます。
そして神様の望む方向と、自己実現の方向が一致していますようにと行動します。
だから、誰でも最初は謙虚です。
やがて何らかの実績が出て、自分に自信が出ます。
そして、なんらかの仕事意識が芽生えます。
本来、人は勤勉であり、責任感も強く真面目に働くものです。
ところが、これが裏目に出るのです。
奉仕という感覚から、仕事感覚へ移行してきます。
謙虚な自分から、自信のある自分に変わってきます。

いわゆる素人からプロへの感覚です。

信次先生は、宗教にプロもアマもないと言われました。

今はこの言葉の真意が分かりますが、やはりプロとアマはあります。

ただ宗教の場合は、こだわりや執着を捨てていく世界なのです。

つまりプロ意識というものも捨てて、幼子のような天真爛漫な気持ちが大切なのです。

ところが神様の為に、社会の為に聖なる仕事を奉仕で働いていると思う心が、ライフワークの仕事として微妙にすり替わるのです。

仕事は、組織化や効率、目標といったものを自然と求めます。

経費もかかるので、収支の管理も必要になります。

また、社会の為という大きな目標に向かって霊能力を発揮していく自分に対して、協力者とそうでない者の差が出てきます。

そのうち、非協力者や邪魔する者には、敵対者感覚が出てきます。

こうなると、目的と方法論が合わなくなっているのに、今の方向が神様の望むことだとすり替わっているので気づきません。

目的が地上天国なのに、周囲に軋轢や不調和が生じてきます。

宗教団体が周囲と不調和を起こしていく原因は、ほとんどが神様の自己実現でなく、教祖の自己実現だからです。

八正道に正念というのがありますが、私を正しい方向に導いて下さいという願いから、私は正しい道を歩いているという自信に変わり、その自信が自己実現へとすり替わり、いつしか変節の原因になります。

高橋信次先生時代の多くの弟子は、「とにかく霊道を開きたい」一心でした。

求道心はあったかも知れませんが、ほとんどは悟りの証明としての自己実現執着です。

皆の幸せの為に、神様のお役に立てる自分になりたいという自己実現が、いつしか自負心と仕事感覚にすり替わり、目的の為に効率を選んでいった時、実は変節しているのです。

神様はとても辛抱強く、最も効率の悪い遠回りな方法で、人類の光明化を待っています。

変節を防ぐには、神様への思いとか、社会の為とかいう大上段の構えを捨てることです。

プロの宗教家こそ、実は最も一般人に近くて良いのです。

宗教家が宗教家だとすぐ分かられるようでは、むしろ失格です。

お釈迦様もイエス様も、衣食住は質素で謙虚で自分に厳しく、愛と慈悲の方だったはずです。

変節を防ぐには、幼子のように無頓着、無執着、無邪気が一番の予防法です。

10　各宗教体験の提言

今世、私はいくつかの宗教団体を遍歴しました。

仏教、キリスト教、儒教や高橋信次先生や谷口雅春先生の教えを勉強し、そのことにより霊界構造や心の世界を、多方面的に研究することができました。

研究することはできましたが、その心境への到達は難しいものです。

例えば「愛」です。

イエス様の「汝の敵を愛せよ」

これほど難しい言葉はありません。

愛せないから「敵」なのです。

これができたら戦争等ないはずです。

しかし、どうでしょうか。

例えば我が子が殺されて、それでも「汝の敵を愛せますか？」

許すことさえできないと思います。

これを解決できるのは、それこそ悟ることです。

ただ仏教では悟る為に出家します。出家できますか。

なかなか出家できないものです。

その点、儒教の道徳の教えなら出家は必要ありません。道を学びながら、人間完成に近づいていきます。

つまり、一つの教えだけでなく複数の教えを学ぶことによって、神理を多角的に理解することが可能となります。

このことが、徳ある人への成長に役立ちます。

徳とは何かということですが、愛と慈悲（悟り）と両方兼ね備え、過去世からの人格の貯蓄があるということです。つまり、愛と慈悲が滲み出ている人が、徳ある人です。

各宗教を勉強している方にお願いしたいのは、もっと他の教えも勉強してほしいということです。

例えば数年ほど勉強したら、次の教えに移ればよいのです。

そうして最後は、社会に独り立ちできる人間に成長すればよいのです。

そこの組織の中でしか通用しない人間でなく、広く社会に通用できる人間として、各宗教団体を回ってほしいと思います。

信仰の世界では、宗派を変える、あるいは教祖を変えるということは、罪のように思われています。

しかし、本来の神理は、人間を真に解放するものなのです。

また今まで、世界宗教と言われるものであっても、全地球的に統合された宗教までの完成はしていないのです。

そういう意味で、各宗教や各宗派の勉強は、とても大事なことなのです。

11　愛を目指して

普通の状態に戻って二年後、自分の心境を確認してみると進展も後退もないように思います。

欲といえば、食欲と睡眠欲、仕事への欲くらいで性欲はコントロールされています。

執着というほどの、心の荷物はないようです。

心の中を探査してみると、何と煩悩の黒い森が過去に流されているではないですか。

前途に以外と視界が開けているのです。

こうしてみると、平凡な月日の流れは無駄ではないようです。

二年前では、おそらく強引に阿羅漢に行っても挫折感が大きかったと思います。

でも今では、私の隣にそんなに黒い森があるわけでもなく、阿羅漢に向かって歩けるのではないかと感じます。

ところがここで、ある考えが出てきました。

もう一度、阿羅漢とは何かです。

阿羅漢とは、神界六次元上段階から菩薩界への登竜門です。

では神界とは、どういう心の状態の方が居られるのでしょうか。

神界とは、知性を磨き、専門を極め、社会に貢献した人と言われます。また求道心の世界です。

では菩薩界の人とは、どういう人でしょうか。

人間修行が終わり、如来を助け衆生救済の情熱に燃えるのを使命とする、特に優秀な方々を言います。

つまり菩提心と愛の世界で、ほとんど神様に近い心境です。

ところで、私を分析しましょう。

菩薩でしょうか。

全然違います。

では神界でしょうか。これも冷静に考えて、神界の実績はないです。

であるならば、今の私に必要なのは、自分の人格を磨くことと、仕事を通してもっと社会貢献できる自分になることの方が、真の修行ではないでしょうか。

そう考えた時、阿羅漢への執着は急速に小さくなっていきました。

ただ、悟りの問題点で指摘したように、悟ったと思った時点から心境の後退が始まります。

そこで、心境維持の為に、阿羅漢を目標とすることにしました。

仏教でいう「八正道の実践」です。

真・善・美を感じられる心の熟成と、反省による想念帯の浄化を目指すこととしました。

イエス様は言われました。

「汝、色欲を抱いて女性を見たるは、すでに姦淫したるなり」と。

では、

「汝、菩提心に満ちて、愛に目覚めたるは、すでに菩薩なり」

ということができないでしょうか。

これからの修行の方向性は、求道心と共に愛を目指そうと思います。

第2章　人生とは

1　人は誰もが主役

さらに一年ほど経った時点で、人生について何点か示唆がありました。

彼岸に到達した時、この世とあの世の境界図が降りてきました。

その形を見ていて人間の目のように感じました。

その後、今日という一日も、図にしてみると同じ形だということが分かりました。

境界図や一日の図を見ていて思いました。

我々の人生は、三次元空間にぽっかり開いた、神様の目のようなものなのだと。

つまり、我々一人一人が神様の目の役目をしていて、我々が経験したことや感じたことは、神様まで繋がっているのだと。

それが分かった時、人間とは一人一人神様の代理人だと理解できたのです。

人間は、生まれた時から差別がありませんか。

人生に、何か不公平だと感じたことはありませんか。

裕福な家に生まれた人生、物分かりの良い親から生まれた人生、ルックスやスタイルの良い家系に生まれる人生もあったと思います。

１日の境界図

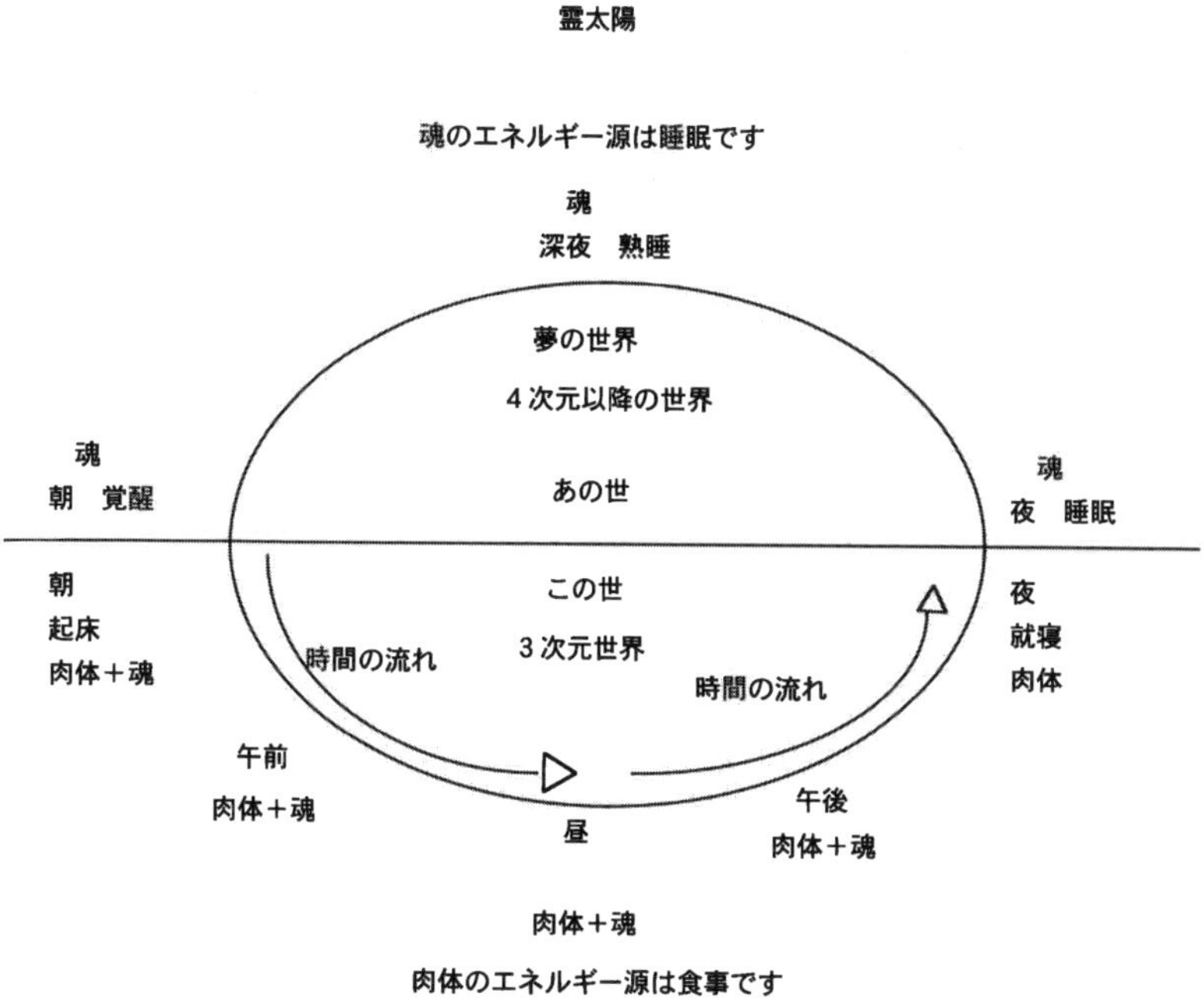

霊太陽
魂のエネルギー源は睡眠です
魂
深夜　熟睡
夢の世界
４次元以降の世界
あの世
魂
朝　覚醒
魂
夜　睡眠
朝
起床
肉体＋魂
この世
３次元世界
時間の流れ
時間の流れ
夜
就寝
肉体
午前
肉体＋魂
昼
午後
肉体＋魂
肉体＋魂
肉体のエネルギー源は食事です

自分の人生は、自分で選んだと言われます。

でも、自分に関しては何か人より損して生まれたように思いませんか。

この生まれた時からの不公平感を、どう解決すればよいのか悩んだ方は多いと思います。

今回、その解答が降りてきました。

人間は、一人一人が神様の代理人なのです。

その親から、その環境で、その境遇で、その能力で、その容姿で生まれてきた場合に、どのような人生になるのか無数のシナリオを選べるのです。

器量と度量がある場合とない場合。

努力した場合としない場合。

決断が早い場合と遅い場合など、無数の人生展開があるはずです。

この、それぞれの人生劇場の一人一人が主役だとしたら、では観客はどこにいるのでしょうか。そうです。魂の兄弟、友人、魂の先祖達が、あの世から見ているのです。

自分の人生劇場の主役は自分です。

主役でなくてもよいと思っても、他人の人生劇場の主役にはなれません。

もちろん隣は隣で人生劇場の主役を演じています。

つまり、それぞれが自分の人生劇場では主役であり、他の方々の舞台では脇役なのです。

しかも、その配役は、本来納得済みのものです。

この霊的事実が、人生の大きな意味の一つです。

2　輪廻転生の意味

次に分かったのが、輪廻転生の意味です。

人は死後、人生判定の結果、行き先が天国か地獄に分かれ、いったん地獄に堕ちるとそう簡単には天上界に上れないそうです。

このことについては、そういうものなのかと納得し、だから宗教を勉強して地獄には行きたくないと思い、またもし行ってもすぐ反省してすぐ天国に上がりたいものだと思っていました。

ところが、宗教を勉強した仲間の多くは、ストレートで天国に帰ったケースよりも、いったん収容所で修行している方の方が多いと聞きます。

私は、生前あれほど宗教を勉強したのだから、いったん収容所で修行しても、すぐ天国に上がれるものと思っていました。

しかし、そう簡単に天国に上がったという報告が来ません。あの世に帰ったら、それこそ真剣に反省すれば天国に上れるはずなのに、なぜできないのだろうと疑問でした。

原因が分かりました。

あの世に帰っての判定は、この世の人生修行の最終判定だったのです。

つまり通信簿で例えれば、良か可か不可かが決定したのです。

魂が、天国に入る為のドレスコード状態であれば良です。普段着であれば可です。汚れがひどかったりシミがひどかった場合は不可です。

この世でも、いったん通信簿の点数を付けられたら、それを変えられるのは次の学期です。

この世では時間が動いているので、原因結果があって結果が悪かった場合、反省して結果を変えられるわけです。心が汚れていると感じたら、反省という洗濯機で想いと行為を改めることにより、またきれいになります。これが信次先生が、反省は慈悲だと言われた理由であり、反省の功徳です。

ところがあの世では、もうこの世的な時間が動いていないのです。

つまり反省しても時間が動いていないので、なかなか結果を変えられないのです。

これは恐ろしいことです。

たった百年の人生を、魂の洗濯をしないままエゴの固まりのように生きて、しばらくは地獄へ帰るか、悪いところがあれば素直に反省して、この世での垢や汚れを少なくして永遠の天国へ帰るか、皆さんだったら、どちらを選びますか。

イエス様は言われました。心清き人は幸いである、汝は神を見るだろうと。

また、幼子のようでなければ天国の門は開かない、とも言われました。

これは、天国に帰る為の心構えのことを言っているのではなく、天国に入れる為の条件のことを意味します。

つまり、フォーマルな食事会では、それなりのドレスコードが必要だということです。

では神様の期待する、魂のドレスコードとは何でしょうか。

お金、地位、肩書き、勢い。神様にはそんなものは通用しません。

神様の欲しいものは、幼子のような素直で、謙虚な心だけなのです。

高級霊の居られる天上界に入るには、汚れやシミのついた魂では入れないのです。

あの世での魂の洗濯機というのは、地獄界を意味します。（できれば避けた方が賢明です）

この世には、反省という魂の洗濯機があります。

私は、あの世に帰ってから反省すればよいと思っていました。

しかし、あの世では時間が動いてなく、この世的な洗濯機もないので、反省して心を洗濯することができないのです。

時間が動かないと分かったのは、亡くなった方々は、その年代のまま、次の輪廻転生まで変わらないことに気づいたからです。（高級霊は、時間軸の移動により時間の束縛はないが、その時代に生きたという個性は変わらない）

例えば日本の平安時代に死んだ方は、もし地上界に姿を見せたとすれば、その当時のままの姿で現れます。戦国時代の人も、江戸時代の人も、明治時代の人も、亡くなった当時のままで姿を現します。

天上界は、いつも永遠の「今」なのです。

その点、地上界に今はありません。

なぜなら、今は絶えず動いており、むしろ過去と未来しかないとも言えます。

四十歳を過ぎると、肉体は老化しても、気持ちは老化しないことが分かります。

肉体は老化しますので、精神がそれについていって気持ちも老化したように感じる時もありますが、精神が充実している時は、気持ちが老化していないことに気がつきます。

つまり、肉体という三次元の存在は、時間が動いているので老化し、やがて消滅します。

しかし、魂という四次元以降の生命体は、エネルギー保存の法則から老化や消滅ということがありません。エネルギー不滅の法則により、魂は永遠なのです。

では、輪廻転生とは何でしょうか。

輪廻転生とは、天上界の「今」という時間を動かす為の、一つの方法論なのです。

この世で反省できた人は永遠の天国に生きますが、それでも何百年も天国に居ると魂も次の経験を求めたくなります。

地上界の文明や文化は変わります。

原始時代だったり、中世時代だったり、高度科学文明時代だったりします。

魂が、また次の進化を目指した場合、新たに生まれ変わって魂の「今」という時間を変える必要があるのです。

だから地上での人生は、新たな「今」を創る為の貴重な時間の連続なのです。

3　経験値の獲得

では天国から新たな「今」を創る為に、輪廻転生する目的は何でしょうか。ありふれた言葉ですが、「人生は経験値の蓄積」という言葉が降りてきました。人生には、生まれてきた目的と使命があります。信次先生は、人生の目的は「各自の魂の発展」であり、人生の使命は「地上ユートピアの建設」であると説かれました。

魂の発展に必要なのが、経験値です。

ロールプレイングというゲームがありますが、主人公が経験値を蓄積しながらレベルを上げていくのは、まさに人生です。

人生体験の蓄積から人生の意味を発見し、体験をさらに積み重ねて自らの器量と度量を大きくする、その心の成長に人生の意味があります。

義務教育から学生、社会人、大人へと成長していきますが、最初から完成した人間はいません。

最初は皆、未熟です。その未熟な人間が、様々な人生体験を通して成長していく過程で得られる経験値は、ウサギとカメの競争に例えて、専門的能力がウサギとすれば、経験値はカメのようなものです。

性格的に能力的に問題があっても、人生を切り開いている場合もあれば、非常に優秀であっても挫折している場合もあります。

これは、能力値と経験値が必ずしも比例しないことを教えています。

むしろ人生を乗り切っていくのに、能力値より経験値が重要と言えます。

4　進歩と調和

人生の目的は各自の魂の進化であり、使命は地上ユートピア建設だと分かりましたが、ユートピアという言葉に難しさを感じていました。

もちろん心のユートピアですが、環境としてのユートピアもあります。

近代的感覚を好む人も居れば、整備された自然を好む人も居ます。

そこで、魂の進化とユートピア建設という言葉を、人生は進歩と調和という言葉に置き換えてもよいことが分かりました。

一見、簡単なお題目で抽象的ですが、実践は難しいものです。

例えば家庭です。

結婚すると、伴侶とうまくやっていく為には、進歩と調和が必要です。

この人と結婚すれば幸せになれると思って結婚しますが、好きな人と結婚できた喜びも、子供が出来、お互い遠慮が消えてくると、趣味の違いや考え方の違い、価値観の違い、嗜好の違い等から、ついには何でこんな人と結婚したのだろうという、嫌悪まで発展する場合があります。

これは、お互いの進歩と調和が止まっているのです。

調和を意識した進歩をお互いしない限り、幸せな家庭は築けないものです。

船で例えれば、結婚した時に乗っているのはボートです。いつ転覆するか分かりません。

ボートを遊覧船に乗り換え、クルーズ船に乗り換え、豪華客船に乗り換えて行く為には、お互いの進歩と調和が必要なのです。これは、お互い努力が必要です。

コーヒーが好きな旦那と、コーヒーは嫌いな奥さんと、どう調和しますか。

犬が好きな旦那と、犬は嫌いな奥さんとどう調和しますか。

お互いの進歩と調和が、必要です。

これは、教えられないと気づけないものです。

子供が生まれると、子供とも進歩と調和が必要です。私は弟とは四歳違いですが、それでも時代のギャップがあります。ましてや親と子供に、ギャップがないはずがありません。その子供とどう調和しますか。ということは、自分の親も自分とはかなりのギャップを感じているはずです。世話になった親です。どう調和しますか。

進歩とは、自分の成長の為の進歩ではないのです。周囲との調和の為に、進歩が必要なのです。

会社勤めであれば、会社の中でも進歩と調和が必要です。様々な性格、能力、価値観の違いにあふれた個性豊かな職場のはずです。自分の立ち位置はどこですか。皆との良い関係の立ち位置の為に、進歩と調和が必要なはずです。

調和の為には進歩して独立という可能性もありますが、経営者には経営者の悩み、従業員には従業員の悩みがあります。それぞれ進歩と調和が必要です。

サークルやグループ、同好会に所属している場合にも、それぞれ進歩と調和が必要です。いつでもどこでも進歩と調和は別々のものでなく、二つでセットなのです。

人は誰もが主役であり、輪廻転生しながら経験値を重ね、進歩と調和を図っているのが人生と言えます。

第3章　発展の法則

1　神の子人間の自覚

人生長く生きていると、どこかで挫折したり失敗したりと、晴れの日でない場合が多いものです。

そこで、救いや気分転換を求めて、人生書を読んだり娯楽で気を紛らわしたりします。

しかし、それは対症療法でしかありません。

根本処置としては、自分自身への信頼の回復、自分への自信というものが必要です。

そこで、最大の自分の自信とは何でしょうか。

それは、結論から言うと、人間は神の子であるということです。

では、その証拠は何でしょうか。

その証拠は、朝、意識が目覚めるということです。

朝、意識が目覚めるから世界が存在します。

意識が目覚めないと世界は存在しません。

つまり、（自意識の目覚め）＝（世界の一切）です。

そして（世界の一切）＝（神）です。

ということは、（自意識）＝（神）です。
ただ、地球人全意識の目覚めではありません。
各個人の自意識の目覚めなので、神の子です。
では、神の子の自覚は、どうすれば出るのでしょうか。
それは、朝、目が覚めたら周りを見渡すことです。
何が見えますか。
周囲の景色が見えるはずです。
何が見えませんか。
自分が見えないはずです。
なぜ自分が見えないのですか。
それが、自分が神の子の証なのです。
自意識の目覚めと同時に、自分以外の世界を認識しようとしているのです。
自分より、周りを見聞するのを優先しています。
これは何かに似ていませんか。
そうです。戦で例えるなら、偵察隊の役目です。
では、誰からの指令で何を偵察するのですか。

それが、人間が神の子の証なのです。

本当の自分は、この世では見えないのです。

鏡に映った自分の顔や姿も、本当の自分ではないのです。

小学校の自分、学生の自分、社会人の自分、中年の自分、老人の自分、本当の自分は、どれですか。つまりどれでもないのです。

本当の自分に会えるのは、あの世に帰ってからなのです。

つまり、地上で生きている間は、人間とは神の代理人なのです。


車の運転で、太陽を背にした運転と太陽に向かっての運転は、どちらが楽ですか?

もちろん太陽を背にした運転が楽だし、景色もきれいです。

太陽に向かうとまぶしくて、景色もよく見えないはずです。

つまりこれは、人間が神様に向かって進化してほしいということではないのです。

神様は、自らが創った世界を見やすいように、光で照らしているのです。

人間は、神様の代理人として、光で照らされている世界を見てくるように創造されたのです。

だから人間は神の子として、神の代理人として、神の目として世界を見る為に、目は前を見るように付いているのです。

目を閉じてみて下さい。

世界が消えるはずです。

目を開けてみて下さい。

また世界が現れるはずです。

自分とは何ですか。

自我とはなんですか。

1章では、自我とは肉体と魂が合体したものだと言いましたが、その合体した真の正体は、人間とは神の子だということです。

人間とは神の子だという証が、もう一つあります。

それは、人間には神と同じ「自由」が与えられているということです。

神と同じ自由とは、それこそ善にも悪にも全方向に自由だということです。

今日という一日を、どのように使うかは全く自由です。

今世をどう生きるかは、全く自由です。

活動的に生きるも、怠惰に生きるも、全く自由です。

優しく生きるも、非情に生きるも自由です。

人間の自由とは、神と同質の自由です。

ただ、人間は神ではなく神の子だというのは、その「自由」の使い方を学んでいるからです。

よく考えて下さい。人間だけが真に自由なのです。

それでも、人間が神の子だと納得できない方は、天気の良い日、少し朝早く起きて、外に出てみて下さい。朝の空気の清々しさを感じることができます。なぜですか。

また天気の良い日の夕方、夕焼けの空を見て下さい。美しいと感じるはずです。なぜですか。

よく考えて下さい。真なるもの、善なるもの、美なるものを、誰から教えてもらわなくても、分かっているはずです。なぜですか。

それが、人間が神の子の証なのです。

それでも納得できない方、それでは、あなたは誰の子ですか。

父と母から生まれた、人間の子ですか。

父と母が年を取っていったように、あなたも、ただ年を重ねて死んでいくだけですか。

よく考えて下さい。

肉体は老化しても、精神や気持ちは永遠に若いはずです。なぜですか。

実は、父も母も、肉体は老化していったけど、精神や気持ちは永遠に若かったのです。

ただ、周囲との関係から、中年や壮年や老人を演じていただけなのです。なぜですか。

肉体は肉体先祖から受け継いだものです。しかし、人間の真なる自我は、神から分かれてきたものなのです。

思い出して下さい。

人間とは、神の子なのです。

さらに言えば、人間は、もともとは悟っていたのです。

しかし悟りを捨てて、霊的覚醒と心の平安より、地上世界の肉体的躍動感を選んで来たのです。

ただ、それは止むを得ないと思います。

この地球は、それだけ魅力のある惑星だということです。

また、神様の創った肉体という魂の乗り物も、まるでスーパーカーのように魅力ある肉体だということです。

その魅力ある肉体に乗っている人間は、神の子なのです。

2　浮上の原理

では神の子である人間が、なぜこんなに苦しんでいるのでしょうか。

この日本でも、自殺者は年間三万人もいます。

自殺までいかなくても、人生に悩み疲れ死にたいと思うほど、苦悩に喘ぐ人はたくさんいます。

お釈迦様も、人生は四苦八苦だと言いました。

では、この四苦八苦から抜け出すには、どうすればよいのでしょうか。

それは、過去を引きずらないことです。未来を思い煩わないことです。

今を大事にすることです。

でも前章で、この世には今がないと言いました。過去と未来しかないと言いました。

確かにそうですが、今日という日はあります。朝起きてから夜寝るまでは今日です。

朝起きて、明日が気になるなら今日は過去です。昨日が気になるなら今日は未来です。

過去と未来を繰り返しながら、今日という一日は過ぎていきます。

つまり、今日一日は、短いながらも人生の一コマなのです。

ならば、夜寝るとは今日という人生の終わりを意味します。

この時、反省とは何でしょうか。

反省とは、今日一日の総決算です。

反省の基準は、中道です。

今苦しんだり悩んだりしている体験は、中道や正しさを知る為の大いなる試練です。

であれば、夜寝る時は、今日全ての体験に「有り難う」という感謝の言葉で充分ではありませんか。

なかには他人によって傷つけられた、苦しめられたという人もいると思います。

でもその体験が、同苦同悲や同苦同哀という、人の気持ちを理解できるカギになっていくのです。

反省には、二通りの反省があります。

一つは仏教的反省です。

思いと行いを点検し、丸く豊かな自分に成長することを妨げている欠点や、考え方の癖を発見し、それを修正することにより、想念を浄化しようとする反省です。

もう一つは、発展的反省です。

これは思いと行いを前後裁断し、芋虫から蝶になるかのごとく脱皮し新生し、光明未来

に向けて歩き始める反省です。（今回の私は、結果的にはこの発展的反省で、煩悩から離れています）

そこで、この二つの反省に加えて、浮上の原理として、三つめの反省を提案します。

癒しの反省です。

これは、今苦しんでいる人への反省です。

なぜなら、病気でも怪我でも、まずは手当てをしませんか。

病人や怪我人に、いきなり説教はしません。まずは手当てをします。

まずは自分をいたわって下さい。

そして原因を探るのです。

必ず原因があります。

その原因を見つけたら、まず心の傷を癒すことです。

手当てされたら、感謝の気持ちが湧いてくるはずです。

この癒しへの感謝の思いが、悲しみに沈んでいる自分を、水面まで浮上させてくれます。

それでも感謝の思いが湧いてこない方もいると思います。

そういう場合は、世の中を見渡すことです。

世間は広いものです。

自分ほど不幸な者はいない、自分ほど悲しい者はいないと思っても、そこは世の中です。いかます。もっと悲惨な体験をしている方が。

例えば、ヘレンケラー女史のように、見えない聞こえない話せない人生を想像できますか。

私は、そういう人生設計は無理です。

無実の罪で牢獄に何年も閉じ込められた人。

難病で治療方法が未だに見つからず、何年も苦しんでいる人。

悲惨な事故、理不尽な出来事、未解決な事件、悪しき運命等ここに書けないほど、世間にはたくさんの悲惨があふれています。

それでも皆生きています。

強いと思いませんか。

あり得ないような悲惨な中で、頑張って生きている人に感動できれば、人生の水面に浮上できます。

3　脱出の方法

人生の水面まで浮上したなら、また岸に上がって大地を歩いてみませんか。

若い時は考えませんでしたが、老化すると、明日は死んでいるかも知れないと思う時があります。

一日一生という言葉を、実感できる年頃となりました。

定年退職して何もすることがなく、友達もいなく、社会から干されたようになったら、その時こそ、子供の時の夢を追いかけませんか。

全ての出来事が、経験値という尊い体験なのです。

ただ様々な人生経験の中で、心に引っかかりを作る体験が二つあります。

一つは、許せないという体験です。

許せないという気持ちですが、これも当事者でないと分からないほど、激しく辛いものがあります。

相手から傷つけられた、相手から理不尽なことをされたという場合です。

怪我をさせられた、土地の境界線を侵された、財産をだまし取られた、子供を殺された等、憎さで絶対相手を許せないという場合があります。

もう一つは、許せないの逆で、何でも許せるほど執着しているという場合です。

それがあればあと何も要らないほどの執着で、捨てたくない離したくないという場合です。

目に入れても痛くないほど可愛くて、絶対捨てたくないという気持ちです。

何でも許せるのに、それが離れて行く時は、可愛さ余って憎さ百倍になります。

例えば、地位や肩書き、恋人や片思いの人、金品や物品等です。

実は、絶対許せないのも、何でも許せるのも、憎さという意味では同じものなのです。

執着という意味では、本質は同じものだということです。

ではこの絶対許せない場合と、絶対捨てたくない場合の解決方法は別として、この状況からの脱出はどうすればよいのでしょうか。

結論から言えば、その思いそのものを捨てることです。

例えば、土地の境界線で悩んでいる場合、そこに土地家屋調査士が介入して解決しても、心の中の損得勘定や怒りの感情が邪魔して、やはり許せない場合があります。

また今まで付き合っていた恋人が離れていった場合、また別な恋人を作って解決できるはずなのですが、なにか執着が残ってやはり未練が残る場合があります。

これらは、バナナという餌が入った、捕獲用箱罠に捕われたサルと同じ状況なのです。私は、しばらくこの箱に入っていたのでよく分かります。

絶対許さないというバナナと、絶対捨てたくないというバナナなのです。

人生の途中で、このバナナに囚われて、捕獲用箱罠に入っているにもかかわらず、一日中このバナナのことを考えている時期があります。暗く苦しく切ない時期です。

では、ここから抜け出るにはどうすればよいのでしょう。

それはいったんバナナを捨てて、後ろを向いて箱罠のカギを開けて外に出ることです。

文章で書くとそれだけですが、これが難しいのは私自身もよく分かっています。

私も、この許せないというバナナと、捨てたくないというバナナを捨てるのに、二十年という歳月がかかりました。その結果、肉体的にも精神的にも不調和になり、様々な病気を経験しました。

様々な病気になっても、それでもまだ捨てられないものです。

さすがに自分でも、原因は分かっています。

分かっていても、ではどうしたらよいのか分からないので、また箱に戻ってきてバナナの分析をしてみたりします。

今回、私は一つの悟りを体験しました。

一つの悟りに到達してみて、解決方法が分かりました。
捨てることです。
悩んでいる心、つかんでいる心を捨てることです。
バナナは、神様の仕掛けた餌なので、消すことはできません。
そのバナナに執着する心をゴミ袋に入れて、ゴミ箱に捨てることです。
それで、心が軽くなります。
何一つ、死んであの世に持って帰れるものはないと知りつつ、捨てられないものです。
それでも捨てることです。
言うのは簡単です。実行は難しいものです。
それでも言います。
捨てることです。
それで、心が自由になります。
捨てられるくらいなら死んだ方がましだと、心が訴えていることもよく分かります。
それでも言います。
捨てることです。
損はしたくない、惨めにはなりたくないと、心が訴えていることも分かります。

でも敢えて言います。

捨てることです。

人は、いずれあの世に帰ります。

この地上の一切に、自分のモノというものは存在しません。

だから何一つ、あの世に持って帰れません。

人生の途中で、この罠にハマって解決できない時、あるいは解決しても脱出できない時は、もう一度言います。

捨てることです。

4　発展の法則

寂れている店と、活気のある店との大きな違いは何でしょうか。

それは、天使の応援があるかどうかの違いなのです。

正道を歩む方を、それぞれ声聞者、縁覚者、此岸者、彼岸者、阿羅漢、菩薩と呼ばれてよいと思います。

菩薩とは別名、天使のことです。

菩薩に近づくほど、天使との距離は近くなります。

では、正道を歩む以外の方を何と呼ぶかと言うと「縁なき衆生」と言います。

お釈迦様は言われました。「縁なき衆生は度し難し」と。

この意味は、「仏の教えを聞く機会がない者は、救うことができない」という意味です。

仏の教えを聞いていると、守護霊とか指導霊の応援を得やすくなります。

なぜかというと、天上界でも地上の衆生を助けたい応援したいと、見守っている存在があるからです。

特に守護霊は、生まれた時から各個人専属で見守ってくれています。

人は誰でも一度や二度は、何かに助けてもらったという体験があるはずです。

つまりお店や会社が発展するかどうかは、天使を味方に付けているかどうかに関係するのです。

そういう意味で、正法に縁のある方が居られ、天使が応援している場所は、イヤシロチです。

光が多いから明るいのです。そういう場所は、人も集まってきます。

その反対に、縁なき衆生で構成されているお店や会社は暗いので、だんだん人の出入りも少なくなってきます。負の循環に不浄霊まで加わると、致命的になる場合もあります。

不浄霊が棲み着いている場所は、ケガレチです。

では、縁なき衆生が、守護霊の応援をいただくにはどうしたらよいのでしょう。

それは、声聞までたどり着くことです。

往々にして縁なき衆生の方は、器量と度量が大きく、独立心があり優秀で、そのバイタリティーで人生を泳ぎきっていけることが多いのです。

しかし、ここに落とし穴があります。

この世的に波瀾万丈に生きて、それでも成功を収めて、人生を送ってあの世に帰ってみると、意外と心の経験値が足りないことに気がつきます。この時、「しまった」と思います。波瀾万丈でも成功を収めて人生を送る。それはそれで良かったのかも知れませんが、人生には心の修行という側面があります。

神の光は、プリズムにかければ何通りかに分かれます。

愛の光もあれば、慈悲の光もあり、その広さや深さは天上界では瞬時に識別できます。でも、それでは修行にならないので、この地上界で肉体をまとって霊的感度を落として修行しているのが人間の実態です。

天上界で「永遠の今」を生きている魂にとっては、この地上界は大きな飛躍のチャンスなのです。大きな苦労、辛い体験は、それだけポイントが高いのです。

だから「苦労は買ってでもせよ」というのは、このことを言っています。

苦労をし辛い体験をして声聞までたどり着けば、その周りは立派なイヤシロチです。

自分の周りをイヤシロチとし、天使の応援をもらえることが発展の基礎です。


発展の為に必要なのが天使の応援ですが、その他力の光をもらう為に必要な自力が、学習なのです。

今の日本では、学習とは受験勉強でしかないような感がありますが、それでは発展できません。

学習や勉強の真の意味とは、研究や探求心の醸成であり、研究の真の意味とはヒラメキであり、新しい発見、発明なのです。

発展している企業や会社をよく観察してみて下さい。

必ず地道な研究を続けています。

その結果、新しい発見をし、発明しているのです。

学習の効用とはそういうものです。

研究することにより、改善の予知が分かり、発展の方向性が分かります。

設備投資や人材の募集が必要になるかも知れません。

無駄な経費になるかも分かりません。でも無駄なことや失敗から学ぶことの方が多いものです。

そして、常に新しいものは、この地上界でなく霊天上界にあるのです。

人類の発明、発見と言われるものは、全て先に霊天上界にあるのです。

だから、個人や企業が発展するかどうかは、すでに霊天上界にあるアイデアや物を、インスピレーションで、この地上に引き出せるかどうかにかかっているのです。

それは、祈ったから降りてくるというものではないのです。

啐啄同時という言葉があります。

この地上界での努力と、天使達の協力があって、インスピレーションは降りてくるのです。

本来学習とは、発明、発見の為の手引書でありエネルギーなのです。

今の、受験勉強のような形態では、むしろ人間を駄目にし国を駄目にします。

科学と宗教の違いは、実証か直感かの違いです。

つまり証拠が、あるかどうかです。

でも全ての理論に、証拠が可能でしょうか。

お釈迦様の悟りに、証拠が可能でしょうか。

宇宙即我という悟りの境地の証明は、現時点では不可能です。

私の彼岸という境地も、証拠としては不十分なものばかりです。

でも現に発明、発見の多くは、インスピレーションというかたちで降りてきているものです。

霊的覚醒の効用は、ここにあります。

人間は、神の子であるという自覚からスタートして、一人一人が人間としての誇りと自覚に目覚め、真の学習意欲に目覚めて行動する時、霊的覚醒が発明や発見を後押しします。

発明や発見が多く現れる時、人も組織も国も、真に発展するのです。

第4章　悟性の時代

1　ふり返ってみて

私は、もともと阿羅漢を目指して修行していました。

今回、偶然にもその途中で一つの境地に到達し、その頃は彼岸と呼んで仲間に体験談を語っていましたが、自分でもこの境地の真意は何なのかをつかみかねていました。

阿羅漢では、六大神通力の何れかが現れることになっています。

今回の私は、その一つもありません。

皆からも、何だそんなものかという評価でした。

私も、阿羅漢の途中だろうから、こんなものだろうと思っていました。

ところが、相変わらずインスピレーションは降りてくるのです。

三年ほど経ってから、ようやく全体像が見えてきました。

もしかして、これが悟りなのかと思っているうちに、悟りとは何か、人生とは何か、発展とは何かという啓示と同時に、一冊の本としての起承転結が降りてきました。

彼岸とは悟りだったのだと理解したら、ようやく今の心境が納得できました。

自分でも知らない間に、一つの悟りの境地に到達していたのです。

自分でも気づけないのに、周囲が気づけるはずもありません。

悟りの境地は、理論では説明し尽くせないという意味が分かりました。

（お釈迦様も悟った直後は、人々に受け入れてもらえなかったという説話が残っています）

また悟ると、もうほとんど神様と同じで、疑問追求してきたことのほとんど全てが分かるものだと思っていました。

もちろん救世主の悟りは、神様と同じだと思います。

ただ、初期の悟りでは、しばらくは悟ったことも分からないほどです。

所詮人間は、超能力者にはなれないものだと思いました。

でも、もともと霊現象からスタートしたので、霊的証明にはそれほど執着はありませんでした。

霊的能力が何一つありませんが、疑問には、何らかの解答が降りてきます。

また、煩悩から離れた生活は、本当に心が平安で軽いものです。

当初は、人間から覚めたというほどの心の軽さがありました。

問題は、インスピレーション通りに本を出すべきかどうかでした。

というのは、学生時代に信次先生にお会いして、今世は本を書かないと誓いました。

悟りや霊界をテーマに、文章化に成功した信次先生の著作を紹介することが、私の使命だと思っていました。

ただ、私自身が修行途中で様々な疑問があり、なにか解説書が欲しいと思った時、出版された書籍が廃盤になったり改竄《かいざん》されたりして、このままでは信次先生の著書や講演ビデオまでもが、埋もれてしまう危険性があるのではないかと危惧していました。

また、私と同じように、既存の宗教書を手がかりに阿羅漢に挑戦している場合、同じような疑問に遭遇すると思います。

今回の書籍化は、私の危惧に天上界の守護霊が応えてくれたものと、勝手に思い込んでいます。

2　安全な悟り

今でも歯科の仕事をしながらの探求であり、素人の領域内でということになると思います。そういう意味で至らない部分は、ご容赦をお願い致します。

また、霊能者の変節や、親友の急死などを体験して、霊的世界の探求は非常に危険なのだと自戒しています。

思うに、お釈迦様やイエス様や霊能者の方と、一般人との距離は離れすぎていると思います。

霊能者には見えたり聞こえたりするものが、一般人には全く分かりません。

両者の差は大きすぎるものがあり、しかも検証できないので、科学的アプローチを拒んできた経緯もあります。

だから、あの世があるのかないのか、霊が居るのか居ないのかの話題は尽きません。

またお釈迦様の到達した「宇宙即我」という悟りに、我々が到達するのに、あとどれくらいかかるのか想像できません。

イエス様の言われる「汝、右の頬を打たれたら、左の頬をも差し出しなさい」という心境に、人類はなれるのでしょうか。

普通は「右の頬を打たれ怪我をしたら、病院に行って診断書をもらい、警察に被害届けを出しなさい」です。

救世主の教えは簡単には説かれていても、そのような境地になるまで、人類にはまだまだ遠いものがあります。

霊能力も、一般人から見ると同じようなモノと言えます。

霊能力とはある意味、神様と同じような能力です。

有名な霊能力として、霊視、霊聴、霊言、読心、神足、予知等があります。

しかし、信次先生がよく言っていたように、霊的に見えて聞こえて話せても、動物霊や悪霊にだまされる場合があるそうです。

また予知などは、口外すれば外れるものです。

一番の問題点は、宗教的霊能者ほど、強力な悪霊に憑依される可能性が大きいということです。

今回、彼岸という境地を体験して、ここは安全であることが分かりました。

六大神通力の一つもありません。

それで良かったのです。

神通力が授かるから、増上慢にもなります。

霊能力があると、信者も出来ます。

彼岸の悟りでは霊能力がないので、自分で悟ったと言わないと他の誰も気づいてくれません。

また悟ったと言っても、信じてもらえないほどです。それで良かったのだと思います。

増上慢に、なりようがありません。

でも疑問があれば、インスピレーションは降りてきます。

そして心は平安です。

だから普通の生活が送れます。

彼岸は、お釈迦様やイエス様との距離を縮め、悪霊からの惑わしも少なく、安全な悟りと言えます。

３　悟性の時代

現在の文明は、知性の文明です。

科学は発展しましたが、公害等により地球環境は悪化しました。

また科学力が、戦争兵器にも使われました。

そういう意味では、今後の文明には、悟性を期待したいと思います。

悟性とは、知性と理性と霊感が合体した霊的知性です。

過去は、武力での支配が主でしたが、現在は経済と制度が支配しています。

経済にしろ制度にしろ、人間の知と意が基本です。

欲や思惑が絡み、混沌とした世情になっています。

天上界の理念が降りているとは言えません。

つまり精神的には、今は「天動説」の時代だと思います。

あの世があるのかないのかと言われたら、ない方に賛同が多いと思います。

しかし、事実は頑固なものですし、本当は誰も、あの世や霊を否定できないのです。

本当に否定しているなら、なぜお盆という行事をするのですか。

なぜ神社やお寺や教会に参拝するのですか。

身内が亡くなった場合に、なぜ天国に行ったと言うのですか。

なぜ墓地造成をするのですか。亡くなったら死亡証明書の紙が一枚あれば、仏壇も墓も要らないはずです。

本当に否定しているなら、肝試しに先祖の墓を荒らせますか？（大変なことになるのでやめた方がよいです）

やがて、あの世があり、霊界があり、肉体というのは魂の乗り物であり、一定の期間で霊体は地上に生まれ変わってきて、様々体験してまたあの世に帰っていくという、霊的真実を発見していくと思います。

こうなると時代は精神的「地動説」に移行します。

文明や文化は、精神と物質というだけでなく、霊体と霊界まで含んだ価値観の追求が始まります。

その為には、科学と宗教の融合が必要です。

例えば物理学です。

大宇宙のビッグバン説では、無から有が出現したという説明が難しいようですが、宗教では、色即是空、空即是色で説明できます。

空とはエネルギーの世界、あの世です。

色とは物質の世界、この世です。

つまり、最初に存在したのが、四次元以降のエネルギーの世界、あの世です。

空間的には無です。

アインシュタインは、質量とエネルギーの関係を方程式にしました。

言葉で説明すると、エネルギーが質量という形になったものが物質だ、ということです。

霊界という四次元以降の世界をエネルギーの世界とすれば、無から有が出現する説明ができます。

色即是空、空即是色とは、有即是無、無即是有と置き換えることができます。

またＳＦ（空想科学小説）の世界では、宇宙旅行する為には四次元以降の空間をワープ

（超光速航法）ということになりますが、これも異次元空間（霊界空間）の解明が必要になります。

また、霊界医学も現れると思います。

ある種のガンや、アレルギー疾患、精神疾患は、憑依も原因の一つだと言われます。

憑依が原因の疾患に関しては、祈りや自己信念などによる精神的治療が可能と思いますが、いわゆる神頼みになってもいけないので、将来的には霊界医学という分野が必要です。

お釈迦様は、手を当てただけで治したそうで、それが手当ての語源になっているくらいです。

また、人間は働いているより遊んでいる方が楽しいものです。

これは、魂の性質そのものなのです。

本来人間は、あの世に帰ると、食べる必要もなければ、寝る必要もなく経済活動をする必要もないのです。

年を取ることもなく、死ぬこともありません。

では、霊体になった人間は何をしているかというと、好きなグループで好きなことをやっているのです。

あの世の職業で、好きな仕事をしているのです。

だから楽しいのです。

この霊的職業観は、この世の経済原則を変える可能性があります。

悟性の時代には、このような霊界的価値観が入ってきます。

そうなると、経済、政治、教育などあらゆる分野で、科学と宗教が合体していくと思います。

人類は携帯電話を発明し、テレビを発明し、宇宙船を造り、原子エネルギーまで手に入れました。

であればやがて、霊界電話や霊界テレビ、霊界旅行が発明されるかも知れません。（地獄領域が拡大している現状では、低級霊界へのコンタクトが頻繁になるので、好ましくない発明です）

今後、人類の探求は、宇宙か、生命か、霊界です。

精神的には、悟りという霊界の入り口を開く方法がありますが、今後の科学には、物理的に霊界の扉を開いてくれることを期待しています。（最初のコンタクトが低級霊界なので、初期はかなりの弊害が出ると思います。阿羅漢以上の方の立会いが必要です）

4　年配者の役割

では、この悟性の時代を支えるのは誰でしょう。

それは、生まれてくる子供達と年配者です。

子供達が霊能者であれば、映画のようなＳＦの世界が展開するかも知れません。

では子供や孫に霊的資質がある場合、誰が世話人になるのですか。

本来、子供は霊的体質なのです。

子供には、結構幽霊とかが見えているし、幽体離脱も体験しているのです。

でも周りの大人から否定され、本人も夢だったのだろうと翻訳し、やがて自我は肉体我に変わっていきます。

この子供の素直な感性を伸ばす役目は、誰でしょうか。

それが年配者の役目です。

年配者は、肉体は年老いても気持ちは変わっていないことに気づいているはずです。

そして経験もあり、認識力も増えています。

若い人には、子育てをしてもらわねばなりません。

中年の人には、生産を上げてもらわねばなりません。
年配者の役割は、子供の霊的素質を成長させてあげることです。
その為には、年配者が悟りを開くことです。
悟りと言っても、ピンからキリまであります。
なにもいきなり彼岸の悟りや、阿羅漢の悟りを目指す必要はありません。
最初の一歩は、気づくという悟りから始めましょう。
「人間とは、何かを悟る為に生まれてきた」のだと。
また簡単な目標を定め、そこに到達したらそれも一つの悟りです。
一つの悟りに到達したら、また別の悟りに挑戦すればよいのです。
執着を捨てることは難しいように思いますが、思いきってしまえば意外と簡単です。
ただ私も含めて、年配者の一つの欠点は、頑固だということです。
頑固さを捨てることは、これも難しい修行だと思います。
できれば多くの年配の方に、彼岸という境地を体験してほしいと思います。

参考文献

『仏教要説―インドと中国―』前田惠學（山喜房佛書林）
『人間釈迦1～4』高橋信次（三宝出版）
『原説般若心経』高橋信次（三宝出版）
『心の原点』高橋信次（三宝出版）
『太陽の法』大川隆法（土屋書店）
『大天使ミカエルの降臨1』大川隆法（土屋書店）
『生命の實相』谷口雅春（日本教文社）

あとがき

私は今では、全く普通の生活をしていますが、宗教的教えに関心のある方に、いくらかでも参考になればとの思いで出版しました。

この本は、高橋信次先生が説かれた教えへの入門書であり、悟りを求める方への参考書です。

信次先生の最も言いたかったことは、心を発見してほしい、心の重要性に気づいてほしいということです。

そして宗教は、原点に帰ってほしいということです。

心の原点とは、愛であり、慈悲です。

また、宗教の原点とは、お釈迦様やイエス様の教えにもどるということです。

その宗教が、いつしか難しい学問や哲学に変わってきました。

また一つの宗教組織にのみ、縛られる傾向もあります。

宗教が救いであるということは、理論は簡単であるということです。

時代の風潮が、体系化した論理であれば、有り難いような錯覚を生じさせたと思います。

神理は単純、明快であるということです。

宗教に、お金は必要ありません。

組織の歯車になる必要もありません。

宗教とは、実践が難しいのです。

なぜなら、心が成長するには時間がかかるからです。

大人の心に成長するには、経験、認識力、宗教心が必要です。

本書が、その役に立てばと思います。

また、本書は悟りの過程を、明らかにしました。

信次先生の『人間釈迦』という書籍で、悟りの内容はよく分かりましたが、一杯の牛乳から、なぜ八正道まで発展するのか、その悟りの過程が今一つ、分かりませんでした。

やはり、お釈迦様だからと思っていました。

今回、彼岸という境地が分かり、彼岸から霊的覚醒が起こり、そして阿羅漢に到達して霊的能力が発生し、ついには幽体離脱までしていくその過程で、反省や八正道の発生要因が分かりました。

八正道のうち、正見、正思、正語は反省の基本であり、正業、正命、正進は、この世の反省基準であり、正念と正定は、あの世にかけての反省であることも分かりました。

悟りが霊的覚醒を伴うものであるということは、天使との接触もあれば、不浄霊との接触もあり、宗教というのは、諸刃の剣であることが分かりました。(宗教が危険視される理由の一つです)

また、人間の自我というのも、本書の一つのテーマになっています。

求道心があれば本書は、偽我から善我への移行を応援します。

だから、本書には多くの方々に愛読されてほしいという願いが入っています。

寿命であの世に帰った時、初めて本当の自分に会うことができます。

しかし、自殺では本当の自分に会えないばかりか、かなりの長い年数、霊的混乱のままの状態を体験することになります。

なぜ生まれてきたのか、なぜ生きねばならないのか、そのヒントが本書にあります。

また、宗教の垣根を超えるヒントが、本書にはあります。

本書により、心が平安になれることを祈っております。

著者略歴

佐藤　秀人（さとう　ひでと）

1951年6月、青森県生まれ。5歳の時より霊的体験があり、22歳で高橋信次先生の正法に触れる。GLA、幸福の科学、ひまわり、レムリアの風という組織を経て、62歳で彼岸の境地に到達する。現在、歯科医院を営む傍ら、どの宗教組織にも所属せず、正法を研究している。

彼岸の悟り —高橋信次先生に捧ぐ—

2018年2月3日　第1刷発行

著　者　佐藤秀人
発行人　大杉　剛
発行所　株式会社 風詠社
〒553-0001　大阪市福島区海老江5-2-7
ニュー野田阪神ビル4階
TEL 06（6136）8657　http://fueisha.com/
発売元　株式会社 星雲社
〒112-0012 東京都文京区水道1-3-30
TEL 03（3868）3275
装幀　2DAY
印刷・製本　シナノ印刷株式会社

ISBN978-4-434-24213-7 C0014